LES INCROYABLES ÉNIGMES DE L'HISTOIRE

Direction éditoriale : Stéphane Chabenat
Édition : Aurélie Le Guyader
Mise en pages : Benoît de La Bourdonnaye
Conception de la couverture : Thomas Hamel chez olo.éditions

Les éditions de l'**Opportun**
16, rue Dupetit-Thouars
75003 Paris

www.editionsopportun.com

Philippe Delorme

LES INCROYABLES ÉNIGMES DE L'HISTOIRE

LES ÉDITIONS DE L'OPPORTUN

Sommaire

Préface

Quand on est le fils de Pierre Chaunu, professeur à la Sorbonne et membre de l'Institut, on baigne dans l'Histoire comme dans un liquide amniotique… sans même s'en apercevoir ! Les murs de ma chambre d'enfant étaient tapissés de livres, et j'ai longtemps cru qu'ils étaient intégrés à la construction, comme des briques de la maison. Ce n'est que plus tard que j'ai commencé à les lire…

Malgré son aspect sévère, dû sans doute à ses origines sociales modestes, mon père avait beaucoup d'humour. J'ai dessiné très tôt, naturellement, sans avoir appris. Et il m'a encouragé dans cette voie. Il m'a enseigné la pensée complexe, ce qui pourrait paraître le contraire de la caricature, qui vise à la réduction. Mais mon père m'a appris à me méfier des analyses faciles, ce qui m'aide à prendre du recul, et à pratiquer ce métier sans chercher à « délivrer un message ».

De tout temps, on a fait de la caricature. Et quand on dessine l'actualité, on est dans l'Histoire immédiate. En fait, il n'y a pas de frontière entre l'actualité et l'Histoire. C'est seulement plus tard que le grand tamis de la mémoire gardera les scènes les plus importantes.

Étrangement, mon père, qui était un homme de foi, un pur protestant réformé, n'avait aucune attirance pour les mystères ou les énigmes du passé. Il les considérait comme une frivolité, indigne de l'Histoire « sérieuse », cette « nouvelle Histoire » quantitative, faite de chiffres et de statistiques, dont il était l'un des représentants les plus éminents. Pour lui, se référer au « roman national » ou à la « petite histoire » manquait de rigueur scientifique.

C'est pourquoi, par réaction, j'adore ces questions-là ! Tous les sujets de ce livre me donnent envie de les illustrer, sur le mode humoristique. C'est de la matière vive pour un dessinateur…

Emmanuel Chaunu

Avant-propos

À quoi sert l'Histoire ? Certainement pas à composer un « roman » destiné à exalter les hauts faits d'une race ou d'une nation. Elle n'est pas, elle n'est plus – et ne doit pas redevenir – un instrument de propagande politique ou de domination.

Elle n'a pas davantage pour vocation de stigmatiser d'hypothétiques « erreurs » commises hier ou avant-hier, au nom de quelque « repentance » mal comprise. L'Histoire n'est pas un tribunal devant lequel tout un chacun serait habilité à faire comparaître ses aïeux, afin de leur décerner blâmes ou félicitations, à l'aune d'une éthique contemporaine érigée en critère absolu.

Bien au contraire, l'étude de l'Histoire impose un effort de distanciation par rapport à ses certitudes personnelles. Elle permet de distinguer ce qui, dans les mœurs présentes, relève du contingent et de l'éphémère, de relativiser ses propres préjugés. Elle offre pour cela des outils permettant de mieux comprendre et – dans une certaine mesure – d'aider à résoudre les défis de notre temps, en les replaçant dans la perspective d'une longue durée.

Mais l'Histoire est surtout quête de vérité. Elle doit présenter « ce qui s'est réellement passé » selon la forte expression de Leopold von Ranke, le père de la méthode historique au XIXe siècle. Le rôle de l'historien n'est pas de condamner ni de recommander. Il n'est pas un magistrat, ni un moraliste ni un prêcheur.

Quelle valeur exemplaire auraient d'ailleurs des faits controuvés ou fallacieux ? C'est pourquoi l'historien est avant tout un chercheur, un enquêteur, un curieux. À l'instar du détective ou du scientifique, il dispose d'une méthode pour démêler le vrai du faux, jeter un peu de lumière sur les ombres du passé.

Et de quelle meilleure matière dispose-t-il pour s'y exercer que les « énigmes » et les « mystères » qui jalonnent les siècles et les civilisations ? En voici soixante-dix.

Le succès du premier volume, paru en 2019, nous a incité à vous offrir cette deuxième livraison. En espérant que ces courts récits sauront vous questionner, vous instruire et d'abord vous distraire. Car l'Histoire doit aussi rester un divertissement…

Philippe Delorme

I. Vérités sur Toutankhamon

Depuis la découverte de son tombeau, Toutankhamon collectionne les mystères, éclairés aujourd'hui par la science...

Peu après avoir « violé » la sépulture de Toutankhamon, en novembre 1922, l'égyptologue Lord Carnarvon décède brusquement. La malédiction du pharaon ? En réalité, ni son associé, l'archéologue Howard Carter, ni des dizaines d'autres participants aux fouilles ne seront frappés. Certains même s'éteindront octogénaires. Mais la momie du jeune prince, enseveli avec son fabuleux trésor, n'avait pas fini de révéler ses secrets.

Onzième roi de la XVIIIe dynastie, Toutankhamon, né vers 1345 av. J.-C., n'a régné qu'une dizaine d'années, avant que son souvenir ne soit effacé des mémoires par la volonté de ses successeurs, et les cartouches à son nom martelés sur les monuments qu'il avait élevés. On savait cependant qu'il avait succédé à sa demi-sœur aînée Ankh-Khéperourê, comme lui fille d'Akhénaton – Aménophis IV. Des analyses génétiques, diligentées en 2010 par le Conseil suprême des Antiquités égyptiennes, ont confirmé sa filiation paternelle. Quant à sa mère, elle serait une concubine mal identifiée dont la tombe a été exhumée à la fin du XIXe siècle. Les études

ADN montrent que cette « Jeune Dame » était fille d'Aménophis III et de la reine Tiyi, et la propre sœur d'Aménophis IV. Toutankhamon était donc le fruit d'une union incestueuse, circonstance banale dans l'Égypte antique. Lui-même prendra d'ailleurs pour épouse l'une de ses demi-sœurs, Ankhésenamon.

Dès lors, comment s'étonner que l'examen médico-légal du squelette de Toutankhamon montre les marques de plusieurs tares héréditaires ? Lui qui avait reçu le surnom de « Taureau Puissant » marchait en boitant, appuyé sur une canne, en raison d'une ostéochondrite, dégénérescence vasculaire du pied gauche. Il était également miné par une forme aiguë de malaria.

Sa mort, à l'âge de dix-neuf ans, continue pourtant de susciter des débats parmi les spécialistes. La thèse de l'assassinat est aujourd'hui délaissée, car le fragment d'os retrouvé dans la boîte crânienne est dû sans doute à une maladresse des embaumeurs. Quelques jours avant de trépasser, Toutankhamon s'est cassé le fémur gauche, ce qui a provoqué une infection fatale. L'autopsie virtuelle réalisée en 2013 à l'université anglaise de Cranfield laisse penser que l'« image vivante d'Amon » aurait été percutée par un char lancé à vive allure.

2. Relire Homère

Ménélas et Pâris se sont-ils vraiment affrontés pour les beaux yeux d'Hélène ? Roman épique ou histoire réelle ?

Dans *l'Iliade*, Homère chante les exploits des Achéens, assiégeant durant dix années, puis s'emparant par la ruse d'une « cité aux superbes murailles, la ville des Troyens, Ilion aux larges rues ». À en croire le poète, cette fabuleuse Troie aurait été située à l'entrée des Dardanelles, en Asie Mineure. Mais comment démêler la vérité de la légende, alors que nul ne sait au juste qui était Homère, sauf qu'il aurait vécu vers le VIIIe siècle avant notre ère, quatre cents ans au moins après les événements qu'il est censé narrer.

Dès l'Antiquité, Thucydide parle d'exagération et Hérodote souligne les invraisemblances d'une histoire où mortels et dieux combattent côte à côte. Virgile fera du Troyen Énée, fils d'Anchise, le lointain fondateur de Rome. Bien plus tard, apparaîtra le personnage de son neveu Francion, petit-fils de Priam, et ancêtre prétendu de la dynastie mérovingienne. Cependant, jusqu'au XIXe siècle, personne ne se préoccupera réellement de retrouver la cité mystérieuse.

En 1801, Edward Daniel Clarke suggère le site d'Hissarlik Tepe – la « colline du Palais » – en retrait de la rive turque de la mer Égée, non loin de Çanakkale. Mais il faudra attendre 1870 pour qu'un homme d'affaires allemand passionné d'archéologie, Heinrich Schliemann, y entreprenne des fouilles sérieuses. Le 14 juin 1873, il exhume des milliers d'objets et de bijoux d'or et d'argent, qu'il baptise « trésor de Priam ». En réalité, ils provenaient d'une couche antérieure d'un millénaire à la date supposée de la guerre de Troie ! Car le site d'Hissarlik va s'avérer plus complexe que prévu.

À ce jour, douze niveaux d'occupations successives ont été dégagés, allant de la fin de l'âge du bronze, vers 2500 av. J.-C., à l'Empire romain. « Troie VIIa », qui correspondrait à l'époque du récit homérique, semble n'avoir été qu'une modeste bourgade. En revanche, la précédente cité, « Troie VI », était vaste et puissamment fortifiée. Malheureusement, elle n'a pas été détruite à la suite d'un siège, mais par un séisme. Si l'Unesco, en 1998, a classé le site au patrimoine mondial, la geste des cent dix mille Grecs accourus pour venger l'honneur bafoué de Ménélas appartient assurément au registre épique. Une épopée éternelle, aux sources de notre civilisation.

B. Les trésors du Japon

Le 1er mai 2019, le nouvel empereur Naruhito s'est vu présenter trois reliques que nul n'a le droit de contempler.

Selon la mythologie shinto, la déesse du Soleil Amaterasu aurait confié à son petit-fils Ninigi, avant de l'envoyer sur terre, trois objets précieux, gages de son autorité céleste. Depuis lors, ses descendants, héritiers d'une « lignée unique et éternelle », se les transmettent pieusement, du moins si l'on en croit la tradition. Car personne, sauf peut-être quelques prêtres et le souverain lui-même, n'en connaît l'aspect, ni même le lieu exact où ils sont conservés.

Le miroir de bronze *Yata no kagami*, qui reflète la sagesse divine, se trouverait au grand sanctuaire d'Ise. Mais le palais impérial de Tokyo en posséderait une réplique, de même que l'original du joyau *Yasakani no magatama*, une sorte de pendentif à griffes de jade, comme on en fait encore usage dans certains cultes chamaniques. Si le Joyau représente la vertu de bienveillance, le troisième trésor, *Kusanagi no tsurugi* – « l'épée faucheuse d'herbe » – symbolise le courage invincible et la faculté de partager. Susanoo, le dieu des tempêtes l'aurait trouvée dans la queue d'un dragon à huit têtes, avant de l'offrir à sa sœur Amaterasu ! Cette Excalibur nipponne se trouverait au temple Atsuta, à Nagoya. D'après une description sujette à caution, il s'agirait d'une lame de cuivre d'environ quatre-vingts centimètres, à la pointe en forme de feuille d'iris, hérissée de dents, « telle une épine dorsale de poisson », datant de l'aube de notre ère.

Soigneusement empaquetés, enfermés dans des coffrets de bois à l'abri des regards profanes, ces étranges régalia sont considérés comme des *shintai,* réceptacles théophaniques rendant sensible une réalité spirituelle, preuves de l'élection de la famille régnante. Les vieilles chroniques témoignent de la permanence d'un rituel de présentation de ces artefacts sacrés depuis la fin du VIIe siècle. S'ils manquent d'être perdus en 1185, quand le jeune empereur Antoku se noie au cours d'une bataille navale, ils sont recouvrés miraculeusement.

Au XIVe siècle, lors de la période « des Deux Cours », leur possession confortera la légitimité de la dynastie méridionale. Et en 1945, au cœur de l'apocalypse nucléaire, Hirohito ordonnera au gardien du Sceau privé d'assurer « à tout prix », la sauvegarde de ces « saints trésors des ancêtres impériaux ».

4. Pharaons et kangourous

Dans le bush australien, entre les localités de Gosford et de Kariong, d'étranges vestiges rappellent l'Égypte antique.

Deux parois de grès, parallèles, séparées par un étroit corridor, et couvertes de hiéroglyphes. Nous ne sommes ni à Karnak ni dans la Vallée des Rois, mais près de Kariong, dans le parc national de Brisbane Water, à une heure de route de Sydney, en Nouvelle-Galles du Sud.

À en croire les tenants de l'authenticité de ce « site archéologique », une expédition conduite par deux princes égyptiens, fils du roi Khoufou – ou Khéops –, souverain de la IVe dynastie, aurait abordé les côtes australiennes, vingt-six siècles avant notre ère, au terme de deux saisons de navigation vers l'ouest. Plus de trois cents glyphes taillés dans la pierre relateraient leur prétendue odyssée. L'un des deux frères, le noble Nefer-Djeseb, aurait succombé à la morsure d'un serpent venimeux, avant d'être inhumé sur place. Les « spécialistes » de Kariong montrent même l'endroit où le corps aurait été embaumé et la chambre funéraire !

Pour leur part, les égyptologues professionnels sont bien moins convaincus. Au-delà du caractère improbable d'un tel voyage, ils soulignent le dessin maladroit et presque enfantin des pseudo-inscriptions. Les pictogrammes apparaissent dispersés de façon aléatoire, souvent mal orientés, sans souci de grammaire ni de syntaxe, comme des « lettres sorties au hasard d'un chapeau ». Le professeur Naguib Kanawati, de l'université Macquarie de Sydney, n'y voit que des « graffitis faits par un amateur ». D'ailleurs, l'ensemble ne signifie rien et les « traductions » proposées apparaissent toutes fantaisistes. Quant aux noms des chefs de cette fabuleuse équipée – Nefer-Djeseb et Nefer-Ti-Ru –, ils ne figurent pas dans la liste répertoriée des enfants de Khéops, et ne correspondent à aucune racine connue.

La thèse de la forgerie n'est donc pas douteuse, d'autant que l'état d'érosion des gravures laisse présumer qu'elles n'ont guère plus d'un demi-siècle. À proximité, de véritables œuvres rupestres aborigènes, datant de deux cent cinquante ans, sont déjà presque effacées. Certains évoquent des soldats australiens qui auraient servi en Égypte, d'autres un canular d'étudiants. En réalité, l'existence des « hiéroglyphes de Kariong » n'est attestée que depuis les années 1970, et des enquêtes successives ont établi que, depuis lors, leur nombre avait été en augmentant.

5. Le miracle du basque

La France compte une vingtaine de langues régionales, hormis les Outre-mer. Mais le basque reste la plus étrange.

« *Euskal Herriko arrats euritsuetan, / Bazterrak lanoz estaltzean…* » « Pendant les soirées pluvieuses au Pays basque, / Quand le paysage se couvre de brume… » Ces vers de la poétesse Marikita Tambourin sonnent étrangement à une oreille non initiée. Usité par environ sept cent cinquante mille locuteurs sur les deux versants des Pyrénées, le basque – ou euskara – clame hautement sa dissemblance, malgré ses larges emprunts au français et au castillan. D'emblée, la plupart des linguistes refusent de le rattacher à la grande famille indo-européenne.

En vain, et tour à tour, certains ont cherché à l'apparenter au finnois, au magyar, au berbère, au guanche des Canaries, aux langues caucasiennes comme le géorgien ou l'ingouche, aux dialectes du Niger et du Congo, aux groupes ouralien, dravidien, munda ou paléo-sibérien, voire sino-tibétain, ou encore aux idiomes esquimaux ou na-dené d'Amérique du Nord, tels l'apache et le navajo. D'autres enfin l'ont comparé – sans davantage de succès – à des langues éteintes : l'ibère, le picte, l'étrusque ou le minoen.

De type ergatif et agglutinant, le basque accole suffixes et radicaux, ignore le genre sauf dans le tutoiement, décline ses mots à une douzaine de cas, accorde sans vergogne ses verbes avec leurs compléments… Considéré comme un isolat linguistique, il pourrait constituer l'ultime vestige d'un vaste ensemble continental. Ainsi les mots désignant le couteau ou la hache renvoient à la racine *aitz* – « pierre » –, ce qui laisse penser que les origines du basque pourraient plonger loin dans le néolithique.

Avant la conquête romaine, l'aire du protobasque s'étendait jusqu'à la Gironde au nord, et vers Andorre à l'est. Cette « langue navarraise », dont on trouve les premières traces écrites au XIe siècle, s'est peu à peu réduite comme peau de chagrin au cours du Moyen Âge. Demeurée vivace dans quelques vallées inaccessibles, elle a pourtant résisté à la centralisation de Madrid et de Paris. Depuis les années 1980, le « basque unifié » a conquis un statut officiel dans la communauté autonome d'Euskadi et un tiers de la Navarre voisine. Présente dans l'administration, l'enseignement et les médias, le plus vieux parler d'Europe semble avoir relevé le défi de la modernité.

6. Le port de Jules

Pendant la guerre des Gaules, César franchit deux fois la Manche. Mais sait-on d'où il s'est embarqué ?

Dans ses *Commentaires de la guerre des Gaules*, Jules César relate ses deux incursions sur l'île de Bretagne – l'actuelle Angleterre. En 55 av. J.-C., il s'embarque depuis le territoire des Morins, l'actuel Pas-de-Calais. Pour cette simple reconnaissance, le général romain a choisi un point de départ qu'il ne nomme pas, mais d'où la traversée est « très courte ». L'année suivante, César décide de réunir une flotte plus importante afin de tenter une conquête militaire. Cette fois, il cite le lieu de rassemblement : Portus Itius – ou Iccius. Nombre d'historiens ont supposé qu'il s'agissait du même que le précédent, et l'ont placé entre Boulogne-sur-Mer et Wissant, voire plus au nord, vers Calais et Dunkerque.

Cependant, César indique que, depuis Portus Itius, la traversée est « très commode », sans insister sur sa brièveté. Pourquoi donc ce second embarcadère ne se situerait-il pas plus au sud ? Les géographes antiques imaginaient en effet que la côte anglaise s'étendait, parallèlement à la côte gauloise, jusqu'aux Pyrénées. Strabon explique ainsi « qu'il y a quatre points sur le continent d'où s'effectue habituellement le passage dans l'île de

Bretagne, à savoir les bouches du Rhin, de la Seine, de la Loire et de la Garonne. » Plus loin, il précise que les marchandises provenant de l'intérieur de la Gaule sont ordinairement convoyées par la Seine, « et ce fleuve les transporte au pays des Lexoviens et des Calètes, sur les côtes de l'océan, d'où elles gagnent enfin la Bretagne en moins d'une journée ».

Faudrait-il chercher l'énigmatique Portus Itius près de l'estuaire de la Seine ? À l'appui de cette hypothèse, César mentionne que quarante navires, qu'il avait fait construire chez les Meldes, « repoussés par une tempête, n'avaient pu tenir leur route, et étaient rentrés dans le port d'où ils étaient partis ». Or, la tribu des Meldes occupait la région de Meaux, sur la Marne, l'un des affluents de la Seine.

Certains auteurs ont proposé la baie d'Isigny. Mais la similitude onomastique désigne plutôt la petite station balnéaire d'Yport, proche d'Étretat, et contiguë au vaste oppidum calète dit des « Fossés de Bénouville ». Yport aurait donc été l'Itius Portus, rendez-vous de la flotte romaine.

7. Ave Macron !

L'Histoire ne manque pas d'humour. Pudique, elle jette un voile sur certains événements, et joue sur les homonymies…

« Macron continuait, mais avec plus de secret, les pratiques de son prédécesseur. » Cette phrase n'est pas tombée de la plume d'un de nos actuels chroniqueurs politiques ! Elle a été écrite par l'historien romain Tacite, il y a presque deux millénaires. Le Macron dont il s'agit ici n'est point l'actuel président de la République, mais un certain Quintus Cordus Sutorius Macro, né vers 21 av. J.-C. à Alba Fucens, dans les Abruzzes. Ancien préfet des vigiles de Rome – l'équivalent des pompiers –, ce chevalier d'obscure extraction est choisi en 31 de notre ère par le vieil empereur Tibère pour liquider le préfet du prétoire, le trop ambitieux Séjan.

Macron s'acquitte de cette tâche avec diligence en faisant exécuter non seulement Séjan mais aussi nombre de ses parents et amis. Après quoi, il exercera une autorité plus implacable que son devancier, imposant la terreur, « déchirant la république par davantage de forfaits encore ». Mais son ambition ne s'arrête pas là. Macron cultive maintenant l'amitié du jeune Gaïus, petit-neveu de l'empereur – le futur Caligula –, jusqu'à engager sa propre femme, Ennia Thrasylla, à le séduire.

En mars 37, Tibère est pris d'un malaise dans sa villa du cap Misène. Le croyant trépassé, Caligula se fait aussitôt proclamer par la garde… commandée par Macron. Hélas, Tibère revient de sa défaillance ! C'est alors, à en croire Tacite, que « sans perdre la tête, Macron ordonne que le vieil empereur soit étouffé sous un épais tas de couvertures. » Faut-il croire cette version de l'auteur des *Annales*, reprise par Dion Cassius ? Pour sa part, Suétone incrimine plutôt Caligula, évoquant « un poison lent et subtil ». Les spécialistes de l'Antiquité pencheraient aujourd'hui pour une mort naturelle ou par manque de soins.

Si le mystère demeure sur les circonstances de cet impérial trépas, il est indéniable que Macron s'érige en mentor du nouveau César. Toutefois, Caligula entend régner en potentat oriental et ne tarde pas à se lasser de ce « sermonneur, qui se mêle d'être le pédagogue d'un empereur ». Ayant d'abord nommé Macron gouverneur d'Égypte – pour l'éloigner ou endormir sa méfiance –, il se ravise et intime, à lui et à son épouse, l'ordre de se suicider, alors que tous deux allaient embarquer au port d'Ostie.

8. Sainte pécheresse

On aurait «reconstitué» le visage de Marie-Madeleine. Mais l'amie de Jésus a-t-elle séjourné en Provence?

Marie de Magdala occupe une place de choix dans les récits évangéliques. Elle sera la première à annoncer la résurrection du Christ, ce qui lui vaut le titre «d'Apôtre des apôtres». Son surnom – devenu Madeleine en français – viendrait de l'araméen *magdal* qui signifie «tour». Les textes gnostiques et apocryphes voient en elle «l'épouse spirituelle» de Jésus, d'autres, encore plus hétérodoxes iront jusqu'à en faire son amante. Car dès l'orée du christianisme, la figure de Marie-Madeleine se confond avec celles d'autres femmes du Nouveau Testament: Marie de Béthanie, sœur de Marthe et de Lazare, et surtout la pécheresse repentie.

À partir du IXe siècle, une tradition locale assure que, fuyant les persécutions avec d'autres chrétiens à bord d'un esquif sans voile ni gouvernail, elle aurait débarqué en Camargue. La sainte aurait alors évangélisé la région de Marseille avant de finir sa vie en ermite dans une grotte du massif de la Sainte-Baume.

Ce récit merveilleux, encore enjolivé, est repris par Jacques de Voragine, au XIIIe siècle, dans sa *Légende dorée.* Vers la même époque, l'abbaye de Vézelay, en

Bourgogne, revendique le privilège d'abriter les reliques de Marie-Madeleine, jusqu'à ce qu'en 1279, Charles de Salerne, futur roi de Naples, découvre opportunément une tombe paléochrétienne à Saint-Maximin, en Provence. Une « céleste inspiration » lui révèle que les ossements qu'elle renferme sont ceux de la sainte. Dès lors, le pèlerinage prend son essor.

Aujourd'hui encore, un reliquaire, dans la crypte de la basilique de Saint-Maximin, présente à la vénération des fidèles, un crâne noirci qu'une étude anthropologique de 1974, attribue à « une femme âgée d'environ cinquante ans, de type méditerranéen gracile. » Au reste, la plupart des historiens et archéologues – à l'instar de Jean Guyon, directeur de recherche émérite au CNRS – considèrent que « le degré de probabilité qu'il s'agisse de Marie-Madeleine est voisin de zéro ». Dès lors, la « proposition de reconstitution médico-légale du visage de Marie-Madeleine » par le docteur Philippe Charlier et l'infographiste Philippe Froesch, le 8 septembre 2018, lors du septième congrès de Pathographie, à Martigues, relève davantage du divertissement médiatique que du travail scientifique.

9. Dodécaèdres romains

Chandeliers, outils de plombier ou sortes de bilboquets antiques... Les archéologues y perdent leur latin.

Ils font de quatre à onze centimètres de hauteur. Généralement en bronze, plus rarement en pierre, ils affectent l'aspect d'un dodécaèdre creux et régulier, avec ses douze faces pentagonales percées en leur centre de trous circulaires d'un diamètre variable. Chacun des vingt sommets est rehaussé d'une ou plusieurs boules ou « perles » de métal. Le premier objet de ce type a été signalé en 1739, à Aston, en Angleterre. Depuis lors, une centaine de ces étranges artefacts ont été mis au jour, du Pays de Galles à la Hongrie, mais essentiellement sur le territoire de l'ancienne Gaule. Incapables d'en expliquer l'emploi, les spécialistes savent tout de même les dater des IIe et IIIe siècles de notre ère, alors que le nord-ouest de l'Europe, jadis celtique, prospérait à l'ombre des aigles romaines.

Comme nulle source littéraire, nulle fresque, nulle mosaïque n'évoque à quoi ils étaient destinés, les historiens lâchent la bride à leur imagination. Les uns y voient des porte-bougies élaborés, les autres des pommeaux de sceptre, des instruments météorologiques ou topographiques, des jouets pour enfants, des armes de jet, des gabarits pour conduites d'eau, voire des machines à tricoter les gants !

Les plus inspirés songent à un usage religieux. Platon considérait en effet le dodécaèdre comme une représentation de l'univers, la forme dont « le dieu s'est servi pour arranger les constellations sur le ciel ». Dans le *Phédon*, le philosophe compare la « vraie terre » à ces « balles qui sont faites de douze pièces de cuir ». Son lointain disciple Plutarque ajoute que « le dodécaèdre semble être une image du zodiaque et de l'année. » Douze mois, douze faces, douze signes astrologiques… l'hypothèse est séduisante, d'autant qu'on a exhumé en Suisse un dodécaèdre en argent marqué des noms des constellations. D'autres ont été retrouvés près de sanctuaires païens ou dans des cimetières. Au Moyen Âge, on prêtera d'ailleurs à cette figure géométrique des vertus magiques et divinatoires.

Cependant, la vérité sur les dodécaèdres romains est peut-être plus prosaïque. Ne s'agirait-il pas en fait de « chefs-d'œuvre » réalisés par des artisans, forgerons et fondeurs. Sans autre utilité pratique que de montrer l'excellence de leur savoir-faire ?

10. Le Calice de Valence

Selon une ancienne tradition, la coupe utilisée par Jésus-Christ à la Cène appartient au trésor d'un sanctuaire espagnol.

Au fond de l'une des chapelles de la cathédrale Sainte-Marie de Valence, encadré par un retable d'albâtre de style gothique fleuri, le Saint Calice – *el Sant Calze* en catalan – trône à l'intérieur d'une lanterne de verre inondée de lumière. À regarder de près, l'objet n'est pas vraiment spectaculaire : une petite tasse hémisphérique, de la taille d'une moitié d'orange, en agate cornaline aux reflets jaspés indéfinissables, passant du pourpre au vert sombre. Soutenue par un pied d'or hexagonal à deux anses en forme de serpents, elle repose sur une base de calcédoine – pendant inversé de la coupe supérieure –, rehaussée de vingt-six perles fines, de deux rubis et deux émeraudes.

Plusieurs experts affirment que le calice proprement dit serait de facture orientale, et antérieur au Ier siècle de notre ère. À en croire la légende médiévale, c'est saint Pierre ou saint Marc qui l'auraient apporté à Rome au cours de leurs voyages apostoliques. En 258, durant la persécution de Valérien, le pape Sixte II aurait confié la précieuse relique à l'un de ses diacres, Laurent, qui l'aurait ensuite expédiée en Tarraconaise, dont il était originaire.

Après l'invasion musulmane, en 713, l'évêque de Huesca se replie dans le réduit chrétien des Pyrénées, emportant la coupe sacrée. Celle-ci aurait alors pérégriné le long du chemin de Compostelle jusqu'au monastère de Saint-Jean de la Peña, près de Jaca. Son histoire documentée commence vraiment en 1399, lorsque le roi d'Aragon Martin Ier l'Humain la transfère dans son palais de l'Aljaferia, à Saragosse. Une vingtaine d'années plus tard, son petit-neveu Alphonse V le Magnanime décide de la confier à la sauvegarde du chapitre métropolitain de Valence. Depuis lors, elle ne quittera plus cette cathédrale, sauf en deux sombres circonstances : en 1809, devant la menace des troupes napoléoniennes, puis en 1936, par crainte des excès de la guerre civile.

Toujours prudente, l'Église catholique ne s'est jamais prononcée officiellement sur l'authenticité du « Saint Calice », dont il existait d'ailleurs d'autres exemplaires, à Gênes ou à Troyes, par exemple. Néanmoins, celui de Valence reste entouré de la dévotion des fidèles. Et le pape Jean-Paul II, de même que son successeur Benoît XVI, visitant l'Espagne, le vénéreront et l'utiliseront pour célébrer l'eucharistie.

II. La reine des sables

Une ombre plane toujours sur les ruines de Palmyre. Celle de Zénobie, au destin nimbé de mystère.

L'auteur de l'*Histoire Auguste* paraît subjugué par « ses yeux noirs, son visage à la peau brune, ses dents à la blancheur de perles ». Née vers le milieu du IIIe siècle de notre ère, Septimia Bathzabbai – hellénisée en Zénobie, « Vie de Zeus » – devient la seconde épouse d'Odénath, prince de Palmyre et corégent de l'Empire romain pour l'Orient. En 267, celui-ci est assassiné. Zénobie s'empare alors du pouvoir au nom de son jeune fils, Wahballath. Se proclamant héritière de Cléopâtre, elle prend le titre d'« Augusta » et lance ses troupes à l'assaut de l'Asie mineure, de l'Arabie et de la Phénicie.

Sous son impulsion, Palmyre devient un centre artistique et culturel florissant. La reine y accueille les premiers chrétiens comme les philosophes néoplatoniciens, tel le rhéteur Longin, dont elle fait son ministre. Rome, alors empêtrée dans les guerres civiles, met du temps à réagir. Mais lorsque Zénobie prend possession de l'Égypte, Aurélien, empereur depuis 270, décide de châtier « l'usurpatrice ». L'armée palmyréenne est défaite à Antioche, puis à Émèse – l'actuel Homs, en Syrie. Alors qu'elle s'apprête à se réfugier au-delà de l'Euphrate, Zénobie est capturée. « La victoire a longtemps marché sous mes étendards, déclare-t-elle simplement. Je m'imaginais qu'elle me ressemblait, qu'elle était, comme moi, ferme et constante. »

On entre alors dans le mystère. Le Grec Zosime affirme que Zénobie serait morte au cours du voyage vers l'Europe, « soit de maladie, soit de n'avoir pas voulu prendre de nourriture ». En réalité, il est presque certain qu'elle a été conduite jusqu'à Rome, où elle tiendra la première place dans le triomphe d'Aurélien, en 274. L'*Histoire Auguste* la décrit ployant sous un monceau de joyaux étincelants, « un Perse tenant l'extrémité du long collier d'or qui lui pendait en avant, et deux autres esclaves soutenant les chaînes d'or qui lui entravaient les pieds et les mains ».

Ensuite, les sources divergent. Pour les uns, la souveraine déchue serait morte peu après, peut-être décapitée. Les autres lui réservent un sort moins funeste. Magnanime, Aurélien l'aurait graciée et lui aurait même offert un vaste domaine proche de la villa impériale de Tibur – l'actuel Tivoli. La guerrière, désormais pacifiée, aurait épousé un sénateur et laissé une nombreuse descendance, dont saint Zénobius, le deuxième évêque de Florence.

12. Le feu du ciel

Avec des effets comparables au napalm, la recette du « feu grégeois », arme ultime des Byzantins, demeure ignorée.

« Il faisait tel bruit à venir qu'il semblait que ce fût foudre du ciel, et tel un dragon volant dans les airs, jetant si grande clarté qu'on y voyait dans le camp comme s'il eût été jour... » Le sire de Joinville, compagnon de Saint Louis, décrit ainsi le « feu grégeois », utilisé par les musulmans lors de la VIIe croisade. Cette arme formidable, propre à semer la terreur chez l'adversaire, reste aujourd'hui encore mystérieuse.

Son nom, synonyme de « feu grec », atteste de son origine byzantine. À en croire la *Chronographie* de Théophane le Confesseur, c'est un certain Callinicos, architecte et ingénieur originaire de Syrie ou d'Égypte qui, vers 672, en aurait inventé la formule. Constantinople est alors soumise à un blocus par la flotte arabe et son utilisation jouera un rôle décisif au cours de la bataille navale de Cyzique.

Ce « feu thalassique » ou « feu médique » va constituer un élément essentiel de la survie de l'empire d'Orient, jusqu'à l'introduction de la poudre à canon, au XIVe siècle. Sa mise en œuvre nécessitait l'emploi de tubes métalliques et de pompes. Un corps spécial d'artificiers – les *siphonarioi* –, était formé pour projeter le liquide incendiaire sous pression en direction des navires ennemis, provoquant un fracas épouvantable et une épaisse fumée. Il semble que cette substance ait eu la propriété de brûler sur l'eau et n'ait pu être éteinte que par du sable, du vinaigre fort ou… de la vieille urine.

Selon la légende, sa composition aurait été communiquée par un ange à Constantin le Grand lui-même. Au xe siècle, son lointain successeur, le basileus Constantin VII Porphyrogénète, enjoindra à son fils « de le réserver aux seuls chrétiens et de ne l'enseigner jamais à aucune autre nation », sous peine d'être déclaré anathème et livré au plus affreux supplice. Le secret sera si bien gardé qu'aujourd'hui encore, les chimistes continuent de s'interroger. Plutôt que de nitre – ou salpêtre –, ils suggèrent l'emploi d'oxyde ou de phosphure de calcium. Mais l'ingrédient principal du « feu grégeois » paraît avoir été le naphte, ce pétrole brut dont on trouvait des affleurements en Asie mineure. S'y ajoutaient certainement diverses poix et résines, ainsi que de la chaux vive, du tartre et du soufre.

13. Tous Carolingiens ?

On surnomme parfois l'empereur Charlemagne « le grand-père de l'Europe ». À très juste titre…

À chaque génération, le nombre de nos ancêtres double. C'est ce que les mathématiciens qualifient de « suite géométrique de raison 2 ». Si l'on fait un rapide calcul, à la quarantième génération – vers l'an 800 – nous devrions donc dépasser les cent milliards d'aïeux ! Or, la France, dans ses limites actuelles, n'excédait guère les huit millions d'habitants, pour deux cents millions d'êtres humains sur l'ensemble de la planète. Ajoutons que beaucoup d'entre eux n'ont pas eu de descendance, ou qu'elle s'est éteinte au cours des âges. La notion d'« implexe » permet de résoudre cette impossibilité apparente. En effet, nos ascendants ont souvent épousé des cousins, ce qui réduit considérablement les dimensions de notre « champ ancestral ».

Quoi qu'il en soit, certains spécialistes prétendent que 90 % des Occidentaux abriteraient Charlemagne dans les frondaisons de leur arbre généalogique. Statistiquement, ils en descendraient en moyenne cent soixante et onze fois, si l'on se contente de diviser le nombre théorique de nos ancêtres par la population réelle de la planète au IXe siècle. Ces estimations, trop mathématiques, sont probablement surévaluées. Mais il n'en reste pas moins que l'« Empereur à la barbe fleurie » est l'ancêtre de millions d'hommes et de femmes vivants aujourd'hui. Faut-il s'en étonner si l'on se rappelle qu'il n'a pas eu moins de dix épouses et concubines, une vingtaine d'enfants légitimes, sans parler d'une foule de bâtards anonymes.

Comme Charlemagne était apparenté à l'ancienne dynastie mérovingienne – en particulier par sa mère Bertrade de Laon, la fameuse « Berthe au Grand Pied » –, ses descendants sont aussi ceux de Clovis. Bien sûr, en l'absence d'archives anciennes, prouver que du sang carolingien coule dans ses veines relève le plus souvent de la gageure. Une solution pour tourner la difficulté est de se rattacher à Hugues Capet dont la grand-mère, Béatrice de Vermandois, comptait le célèbre empereur parmi ses aïeux.

Depuis plus de vingt ans, la base Capedia.fr s'applique à recenser les descendants, vivants ou morts, en ligne masculine comme féminine, du fondateur de notre dernière dynastie royale. Aujourd'hui, le site en ligne frise les neuf cent mille personnes, appartenant à toutes les classes sociales, et jusqu'en Amérique et en Océanie. On y retrouve bien sûr toutes les têtes couronnées du Gotha, d'Élisabeth II à Philippe VI d'Espagne, en passant par Guillaume-Alexandre des Pays-Bas ou Margrethe de Danemark. Mais aussi, pêle-mêle, les noms de Bernadette Chirac, Barack Obama, Charlotte Gainsbourg, Céline Dion, Hélène Carrère d'Encausse, Marine Le Pen ou encore Emmanuel Macron.

14. L'eau des saints

« Dieu fait pleuvoir sur les justes et sur les injustes », dit saint Matthieu. Remplit-il aussi d'eau les sarcophages fermés ?

Au XIe siècle, le Vallespir, au pied du mont Canigou, était infesté de bêtes féroces et ravagé par les épidémies. L'abbé d'Arles-sur-Tech part alors en pèlerinage pour Rome, d'où il rapporte les reliques de deux princes perses, Abdon et Sennen, martyrisés sous l'empereur Dèce. Durant le voyage, les corps des bienheureux sont placés dans une barrique pleine d'eau provenant du baptistère de saint Pierre. À l'arrivée, cette eau sanctifiée est transvasée dans un vieux sarcophage de marbre qui, depuis lors – et bien que clos par un couvercle – se remplit miraculeusement d'un liquide cristallin aux vertus merveilleuses.

Voilà pour la légende. Chaque 30 juillet, lors de la fête de la Rodella, le clergé et les paroissiens d'Arles-sur-Tech, charmant village des Pyrénées-Orientales, continuent de se rendre en procession à la « Sainte Tombe » d'où l'on prélève, au moyen d'une petite pompe à siphon, plusieurs décalitres, distribués ensuite aux fidèles. L'antique sépulture, typique de l'art paléochrétien du IVe siècle, est placée dans une courette sombre, près du porche de l'abbaye, et défendue des curieux par une grille sur laquelle un panonceau proclame : « La Sainte Tombe n'a pas livré son mystère ».

Si radiesthésistes et parapsychologues s'en donnent à cœur joie pour échafauder les théories les plus folles, plusieurs études scientifiques semblent avoir livré la clef de l'énigme. Dès 1961, trois hydrologues, après plusieurs mois de relevés, démontrent le rôle essentiel de l'eau de pluie, filtrée à travers un couvercle poreux et non hermétique. Un tiers des précipitations serait ainsi récupéré dans ce sarcophage au fond rendu étanche par le dépôt de carbonates et autres particules. Quant à l'évaporation, elle paraît négligeable en l'absence de circulation d'air.

Un article publié en 2001 dans la revue *Atmospheric Research,* reprend les mêmes conclusions en expliquant ce phénomène naturel « comme un équilibre entre l'eau de pluie qui s'infiltre entre le corps du sarcophage et le couvercle, la condensation de la rosée et son phénomène complémentaire, l'évaporation. Une production totale d'eau d'environ deux cents litres par an a été mesurée, avec une contribution de la rosée représentant environ dix pour cent de la production totale, soit vingt litres par an ».

15. La fleur des rois

Dans la France républicaine, la fleur de lys reste une marque d'excellence et de tradition, à l'origine mystérieuse.

Dans son *Traité de la loi salique,* en 1604, Claude Malingre déchiffre en ces termes le sens caché de la fleur de lys : « Le haut fleuron du milieu signifie joie et foi en Jésus-Christ, et les deux de moyenne hauteur qui sont l'un à dextre et l'autre à senestre [...] sapience et noblesse. » Emblème de la France éternelle, le lys plonge ses racines dans la plus haute Antiquité. On remarque des figures similaires, crêtes ou aigrettes stylisées, sur les monuments égyptiens et perses, comme grecs ou assyriens. Désigné en hébreu sous le vocable de *chouchan,* d'où le prénom de Suzanne, le lys blanc – *lilium candidum* – est cité plusieurs fois dans la Bible. Les chrétiens en feront un symbole de pureté, associé à la Vierge Marie et à saint Joseph.

C'est assez tardivement qu'il sera associé à la royauté française. En effet, si l'on trouve le thème dès l'époque carolingienne, il faut attendre 1211 pour qu'un « semis de lys » soit attesté sur un sceau du futur Louis VIII. Néanmoins, le grand-père de celui-ci, le roi Louis VII le Jeune, aurait été le premier à arborer cette *Flor de Loys* – c'est-à-dire en réalité, la « fleur de Louis ». Car ce

« meuble » héraldique ne ressemble guère à son homonyme botanique. Certains spécialistes y distinguent plutôt un iris jaune, peut-être le faux-acore – le *gele lis* des Flamands – que les Francs saliens auraient rapporté des marais de l'Escaut.

D'autres suggèrent l'embout d'une haste gauloise ou l'angon des guerriers germaniques. « La France fut faite à coups d'épée, affirme le général de Gaulle. La fleur de lys, symbole d'unité nationale, n'est que l'image d'un javelot à trois lances. » Selon une légende, un ermite de Joyenval, dans l'actuelle forêt de Marly, aurait obtenu de sainte Clotilde, la pieuse épouse de Clovis, que ce dernier substitue trois lys aux trois crapauds – ou trois croissants, suivant une autre version – qui figuraient auparavant sur son bouclier. Un ange l'aurait averti qu'en arborant cet hommage à la Trinité, il vaincrait plus facilement ses ennemis.

L'anecdote est édifiante, mais à l'évidence apocryphe. D'autant plus que la science du blason ne date que du XIIIe siècle, et que les armes « de France moderne », – d'azur à trois lys d'or – n'apparaissent pas avant 1375, sous le règne de Charles V.

16. L'ombre de l'Emperesse

Si vous êtes en quête du grand frisson, une « dame blanche » vous attend à Mortemer, entre Rouen et Gisors.

Auprès de leur étang impavide, cernées par la hêtraie majestueuse de la forêt de Lyons, nimbées de brume et de silence, les ruines lugubres de l'abbaye de Mortemer, dans le Vexin normand, semblent battre la mesure d'un éternel présent. C'est en 1134 que ce monastère cistercien avait été fondé, sous le patronage de Henri Ier Beauclerc, duc de Normandie et roi d'Angleterre, petit-fils du Conquérant. Vendus comme biens nationaux après 1789, les bâtiments médiévaux ont été presque entièrement démolis. Aujourd'hui, si nul bénédictin n'y réside plus, la rumeur populaire en fait l'un des lieux les plus hantés de France.

Ainsi, on raconte que, la nuit du 1er janvier 1884, le braconnier Saboureau aurait abattu une « garache », une femme louve aux yeux enflammés, qui s'avèrera être sa propre compagne, métamorphosée par un maléfice. On assure également qu'un « chat goublin », sorte de lutin facétieux, veillerait quelque part sur un fabuleux trésor. Durant la Première Guerre mondiale, des soldats anglais auraient aperçu dans l'ancien cellier, les fantômes de quatre religieux massacrés sous la Révolution, buvant un vin au goût de sang. En 1921, les propriétaires de Mortemer, effrayés par de telles manifestations surnaturelles, feront procéder à un exorcisme.

La plus insistante de ces légendes veut que les vestiges de l'abbaye soient visités, chaque année après le 15 août, durant la pleine lune, par le spectre de Mathilde l'Emperesse. Fille de Henri Beauclerc, née en 1102, celle-ci épousera tour à tour l'empereur germanique Henri V, puis Geoffroy Plantagenêt, comte d'Anjou. Elle combattra l'usurpation de son cousin Étienne de Blois, avant de transmettre la couronne anglaise à son fils Henri II.

Aurait-elle été recluse à Mortemer, dont elle a été la bienfaitrice, comme le prétend une invérifiable tradition ? On dit que quiconque a le malheur d'entrevoir cette « dame blanche » gantée de noir, mourra à coup sûr dans l'année. Les sceptiques répliquent que le cliché de l'apparition, pris en 1994, n'était que le banal halo d'un projecteur sur un mur de l'église abbatiale. Quoi qu'il en soit, revenants et autres ectoplasmes y sont bien au rendez-vous, chaque été, pour un spectacle à l'humour sépulcral !

17. Lingua ignota

Mystique, théologienne, musicienne et thaumaturge, Hildegarde de Bingen est aussi à l'origine d'un idiome mystérieux.

Proclamée docteur de l'Église par le pape Benoît XVI, en 2012, l'Allemande Hildegarde de Bingen est une sainte aux multiples talents. Née à l'aube du XIIe siècle, dans une famille noble du Palatinat, elle bénéficie, dès l'enfance, d'extases célestes qui l'incitent à embrasser la vie consacrée. Entrée très tôt au couvent bénédictin du Disibodenberg, elle y prononcera ses vœux perpétuels, avant d'en être élue abbesse.

Elle a déjà quarante ans quand elle se résout à consigner par écrit ses visions surnaturelles et les explications à tonalité prophétique que lui livrent ses « voix » intérieures. Sainte Hildegarde, qui fonde en 1147 un nouveau monastère sur le Rupertsberg, à Bingen, laissera bien d'autres œuvres, autant religieuses que profanes. Ainsi, on garde d'elle, outre une riche correspondance, soixante-dix hymnes et cantiques, un drame liturgique, des hagiographies, des études de théologie et de cosmologie, et surtout plusieurs traités d'apothicairerie, d'herboristerie et de lithothérapie tenus en haute estime par les actuels adeptes des « médecines douces ».

Mais l'invention la plus surprenante de la « sibylle du Rhin » reste sans doute la *Lingua Ignota per simplicem hominem Hildegardem prolata* – « Langue inconnue présentée par le simple être humain Hildegarde ». Il s'agit en effet d'une ébauche d'idiome artificiel, lointaine préfiguration de l'espéranto. On en conserve un lexique d'environ un millier de substantifs, avec leur traduction en latin ou en moyen haut-allemand. Dans un ordre hiérarchisé, il passe en revue la sphère divine, les êtres humains, les métiers, le calendrier, les vêtements et outils, les plantes et les animaux. Dans ce bizarre glossaire, *Aigonz* signifie Dieu, *vaniz* la femme, *durziol* le chevalier, *wiwia* la mésange, *gramzibuz* le châtaignier.

Hildegarde y adjoint un alphabet de vingt-trois caractères, fruits eux aussi de son imagination. Transcrivant les mots codés de la *lingua ignota*, devaient-ils servir à la rédaction de messages cryptés ? Ou tout cela n'était-il qu'un jeu de l'esprit ? La sainte visionnaire tentait-elle de recréer le langage primordial que parlait Adam avant d'être chassé du Paradis ? En écho à la musique divine, au chant harmonieux des vierges et des anges.

18. Mi-femme mi-serpent

Séductrice et dangereuse, la fée Mélusine hante les bois du Poitou depuis des temps immémoriaux.

Au tournant du XIIIe siècle, Gervais de Tilbury, chancelier de l'empereur germanique Othon IV de Brunswick, rédige un recueil de curiosités, plus ou moins véridiques, pour divertir son maître. Il y narre les mésaventures d'un certain seigneur de l'Éparvier, près d'Arles. Au cours d'une chevauchée solitaire, ce chevalier Raymond s'éprend « d'une dame d'une beauté merveilleuse, splendidement vêtue, montée sur un palefroi richement caparaçonné ». Celle-ci accepte de l'épouser à condition qu'il jure de ne jamais chercher à la voir nue. Bien sûr, Raymond finit par rompre son serment. Alors qu'il contemple sa femme à sa toilette, elle devient un hideux serpent et disparaît.

À la même époque, l'archidiacre d'Oxford, Gautier Map, élabore un conte similaire dans ses *Bagatelles de cour*, récit satirique où il brocarde les travers des Plantagenêts. Aussi l'historien Jules Michelet ne se trompera-t-il sans doute pas en suggérant qu'Aliénor d'Aquitaine est « la véritable Mélusine, mêlée de natures contradictoires ». La flamboyante reine, en tout cas, fournit bien des traits réels à la créature surnaturelle dont la légende va s'enraciner dans le terroir poitevin.

Les Gallo-Romains vénéraient une *Mater Lucinia,* déesse des sources et des fontaines. La noble famille des Lusignan en fera son ancêtre éponyme. Vers 1387, Jean d'Arras rassemble tous ces éléments épars pour écrire une *Histoire de Mélusine,* à la demande du duc de Berry, oncle de Charles VI. Il en fait la fille du roi d'Écosse Élinas et de la fée Pressine. La malheureuse est victime d'un sort qui la métamorphose en serpent, chaque samedi, « du nombril jusqu'en bas ».

La suite est connue. Errant à travers la forêt de Coulombiers, elle rencontre Raymondin, fils du comte de Forez. Elle lui promet fortune et nombreuse descendance. De fait, le couple aura dix fils, tous promis à une glorieuse destinée, hormis Froimond, devenu moine à Maillezais. Grâce à ses pouvoirs magiques, Mélusine parsème le pays de monastères et de forteresses, Vouvant, Mervent, Tiffauges, Talmond… Hélas, poussé par la jalousie, Raymondin entrevoit la fée dans son bain. Aussitôt, elle se change en dragon avant de s'envoler par la croisée.

19. Un viscère anonyme

Le 19 novembre 2019, les archéologues ont exhumé du sous-sol de la cathédrale du Mans une singulière relique.

Dédiée à Notre-Dame du Chevet, la chapelle axiale de Saint-Julien du Mans est dite « chapelle des Anges musiciens », en raison des fresques polychromes qui en décorent les voûtes. C'est à la faveur d'un sondage devant son autel qu'a été mise au jour, à l'automne de 2019, une petite boîte en plomb en forme de cœur, renfermant un viscère momifié. Enterré sous le dallage primitif, ce reliquaire est donc postérieur au XIIIe siècle. Un examen sommaire a permis de constater que l'objet, enveloppé dans un sac en tissu rempli de paille avait été renfermé dans un cercueil en chêne, long d'environ un mètre.

Si la génétique ne saurait être d'un grand recours en l'absence d'éléments de comparaison, la méthode du carbone 14 pourrait sans doute fournir une datation assez précise. On sait que les souverains européens ont pratiqué la *dilaceratio corporis* – ou division du corps – depuis le XIIe siècle, malgré les réticences de l'Église. Ainsi, Richard Cœur de Lion, mort en 1199, ordonne que « son cerveau, son sang et ses entrailles soient enterrés à Charroux, son cœur à Rouen, et son corps à

Fontevrault ». Entre autres, Jacques Guillemeau, chirurgien de Henri IV, expliquera plus tard que le cœur doit être « bien lavé au vinaigre et eau de vie », laissé à tremper cinq ou six jours, enfin rempli de plantes et aromates, « et enveloppé d'une toile cirée, puis mis dans un cœur de plomb ou d'argent qui sera bien soudé ».

Cette macabre coutume royale ne tarde pas à être imitée par la noblesse et le haut clergé. Or, les peintures de la chapelle de Notre-Dame ont été commandées par Gontier de Baignaux, ancien secrétaire d'État de Charles V et évêque du Mans de 1367 à 1385. Ses armoiries – d'or à quatre orles de sable – y figurent toujours.

On sait par ailleurs que ce prélat d'une piété farouche, se « retirait d'ordinaire pour faire ses prières » dans cet oratoire où il faisait chanter le salut chaque jour après laudes, et qu'il aurait souhaité y reposer pour l'éternité. Promu archevêque de Sens quelques mois seulement avant sa mort, il ne pourra réaliser son vœu. Toutefois, il fondera une messe anniversaire à Saint-Julien du Mans, célébrée chaque 19 juillet. Dès lors, il n'est pas improbable qu'il ait demandé que son cœur embaumé soit placé sous la protection de son orchestre céleste.

20. Une pomme de concorde

Chaque citoyen helvétique, qu'il soit romand, alémanique, italien ou romanche, connaît et honore Guillaume Tell.

Aux temps reculés où les cantons d'Uri, de Schwytz et d'Unterwald, noyaux primitifs de la Confédération, luttaient pour leur indépendance, le duc d'Autriche, Albert Ier de Habsbourg, y était représenté par le bailli Hermann Gessler. Cet officier cruel et vaniteux décide un jour d'obliger les passants à saluer son chapeau, planté en haut d'une perche sur la grand-place d'Altdorf. Un certain Guillaume Tell refuse de s'incliner. Pour le punir de son impertinence, celui-ci est condamné à tirer un carreau d'arbalète dans une pomme, placée sur la tête de son propre fils. Guillaume Tell réussit l'épreuve, puis finit par se venger de Gessler en l'abattant au cours d'une embuscade.

Selon les sources, ce récit sommaire s'enjolive de diverses péripéties, jusqu'à acquérir des dimensions mythologiques. Car la mésaventure de Guillaume Tell, censée se dérouler à l'aube du XIVe siècle, n'apparaît qu'assez tardivement, dans un cartulaire écrit vers 1470, le *Livre blanc de Sarnen*, collationné avec d'autres légendes fondatrices. Le « Tall » – qu'on peut traduire par le « simplet » ou le « benêt » – y est dépeint comme un montagnard vaillant mais un peu naïf, dressé contre l'arbitraire féodal. Figure emblématique de la lutte des Suisses contre le Saint-Empire, catalyseur du sentiment national, le souvenir du forestier d'Uri et de son exploit seront dès lors magnifiés à travers maintes chroniques et complaintes populaires. En 1804, Heinrich Schiller en tirera un drame, que Gioacchino Rossini déclinera en opéra.

D'ores et déjà, certains érudits, à l'instar de Voltaire, auront remis en cause l'historicité du caractère de Guillaume Tell. L'anecdote de la pomme se retrouve en effet à l'identique dans une fable danoise, celle de Toko, archer du roi Harald à la dent bleue, rapportée par Saxo Grammaticus, un moine de la fin du XIIe siècle. Les critiques s'accordent aujourd'hui à considérer l'existence de Guillaume Tell comme douteuse, même si elle recèle peut-être quelques brides d'une tradition véridique. Quoi qu'il en soit, cette figure indomptable incarne à merveille la ténacité des Suisses qui, dès leur premier pacte fédéral de 1291, s'engageaient à « s'assister mutuellement, corps et biens, pour mieux se défendre, et mieux conserver leurs droits ».

21. Tête de Maure

Il y a quelque temps, une pétition a circulé sur Internet pour… interdire le drapeau corse, jugé « raciste » !

« Un Arabe décapité ! Comment peut-on laisser à un département français une horreur pareille comme symbole ? » C'est en ces termes que, le 2 mai 2018, une certaine Samira, revendiquant sa foi musulmane, « twittait » sa vertueuse indignation, en appelant au président Emmanuel Macron et à Marlène Schiappa, secrétaire d'État chargée de la lutte contre les discriminations. Les Corses, interpellés, ont hésité entre rire et colère. La *testa maura* – la « tête de Maure » – est en effet l'une des marques les plus fortes d'une identité qu'ils défendent farouchement. Adopté officiellement en 1980 par les autorités régionales, le drapeau blanc frappé d'un profil noir coiffé d'un bandeau, flotte partout sur l'île de Beauté.

À l'époque romaine, le mot « Maures » désignait les populations berbères d'Afrique du Nord. Après la conquête arabe, il deviendra synonyme de « musulmans », surtout en Andalousie. Pour les uns, ce chef décapité célébrerait la résistance des Corses face à leurs razzias et incursions, à partir du VIIIe siècle. Une légende raconte qu'une jeune fille d'Aléria, vendue comme esclave au roi de Grenade, aurait été délivrée par son fiancé. Au cours d'une terrible bataille, celui-ci aurait égorgé un prince mahométan, Mansour ben Ismaïl avant de planter sa tête, sanglant trophée, au bout d'une perche.

Selon d'autres historiens, la *testa maura* serait un héritage de la couronne d'Aragon, à laquelle le pape Boniface VIII avait inféodé la Corse, en 1297. À l'instar de la Sardaigne voisine, dont le drapeau est composé de quatre têtes semblables, séparées par une croix de saint Georges. L'une des plus anciennes figurations du futur drapeau corse se trouve d'ailleurs dans l'Armorial du héraut Geldre, réalisé au tournant du XVe siècle et conservé à la Bibliothèque royale de Bruxelles.

Lors des combats pour l'indépendance, en 1762, le fameux Pasquale Paoli en fera l'emblème d'une éphémère liberté. Après la conquête française, les fleurs de lys puis l'étendard tricolore s'imposent de Bastia à Ajaccio. Jadis, le « Maure » avait les lèvres lippues, le nez épaté et les cheveux crépus. Il portait parfois un anneau d'oreille et son bandeau lui couvrait les yeux. Aujourd'hui, il présente des caractéristiques nettement européennes, évoquant davantage une ombre chinoise qu'un Africain. Le logo de la Collectivité territoriale de Corse a même cru bon de l'euphémiser en une vague silhouette transparente.

22. Rêve d'éternité

Sa pierre tombale est au musée de Cluny. N'empêche que certains le croient toujours immortel.

À l'aube du XVe siècle, au plus sombre de la guerre de Cent Ans, vivait à Paris un bourgeois dénommé Nicolas Flamel, copiste, écrivain public et libraire juré de son état. Son atelier, à l'enseigne de la fleur de lys, s'ouvrait à l'ombre de l'église Saint-Jacques-de-la-Boucherie, dont ne subsiste plus aujourd'hui que la tour. Né sans doute à Pontoise, vers 1340, il est veuf d'une certaine dame Pernelle, qui lui a laissé ses biens en héritage.

Flamel jouit donc d'une honnête aisance, possédant de nombreuses propriétés dans la ville et aux alentours. Mais il est surtout réputé pour sa générosité. On lui doit la réfection du portail de son église paroissiale. Il a également fait rebâtir une arche du cimetière des Innocents, en l'ornant de mystérieuses « figures hiéroglyphiques ». Il soutient de ses aumônes moult hospices et couvents. Il a même transformé sa maison de la rue de Montmorency en un refuge pour les mendiants et les nécessiteux.

C'est à cause de cette charité quelque peu ostentatoire que la rumeur publique fera de lui un alchimiste à la fortune inépuisable. Cette légende point dès le lendemain de sa mort, survenue le 22 mars 1418. Selon sa version la plus achevée, Flamel aurait fait l'acquisition, pour deux florins, d'un vénérable grimoire, écrit sur des feuillets en écorce, sous une couverture de cuivre: «le livre d'Abraham le Juif, prince, prêtre lévite, astrologue et philosophe». Incapable d'en décrypter les arcanes, il aurait fini par se rendre en pèlerinage à Compostelle, où un vieux médecin lui aurait dévoilé les secrets du Grand Œuvre, ceux de la transmutation du plomb en or, et de l'élixir de longue vie.

En 1712, le voyageur Paul Lucas prétend avoir retrouvé sa trace aux Indes. Flamel incarnera ensuite le modèle romantique du savant maudit, de l'initié hermétiste en quête de vérité ultime, le précurseur de l'occultisme. Plus tard encore, il inspirera le surréaliste André Breton qui voit dans la «pierre philosophale» le symbole du triomphe de l'imagination. Jusqu'à la romancière anglaise J. K. Rowling, laquelle, dans sa célèbre saga Harry Potter, affirme que Nicolas Flamel «a célébré récemment son six cent soixante-cinquième anniversaire et mène une vie paisible dans le Devon en compagnie de sa femme, Pernelle.»

23. Une bague de légende

En 2016, Le Puy du Fou achetait aux enchères un « anneau de Jeanne d'Arc ». Mais est-il authentique ?

Qui était vraiment la Bonne Lorraine ? Brûlée comme sorcière, réhabilitée, canonisée par l'Église, encensée par les royalistes comme par les républicains. Comment cette jeune fille de dix-sept ans a-t-elle convaincu Charles VII de lui confier une armée pour délivrer Orléans ? Que penser des « voix » qui l'inspiraient ? A-t-elle échappé au bûcher ? Était-elle la fille bâtarde d'Isabeau de Bavière et de son beau-frère Louis d'Orléans ? Ou même un homme déguisé en femme ? Mystères et fantasmes n'ont jamais cessé d'entourer la personnalité intrigante de Jeanne d'Arc.

Le 26 février 2016, le Puy du Fou, le fameux parc d'attractions vendéen créé par Philippe de Villiers, achetait aux enchères, pour la somme de trois cent soixante-dix-sept mille euros, l'anneau « retiré du doigt de Jeanne par l'évêque Cauchon, qui présidait son procès ». C'est du moins ce que proclame le communiqué de presse. Mais si l'on revient aux minutes du procès de Rouen, publiées en 1849 par Jules Quicherat, les choses n'apparaissent peut-être pas aussi simples.

C'est le 1er mars 1431, lors de son cinquième interrogatoire, que Jeanne accuse l'évêque Cauchon de lui avoir subtilisé l'un de ses anneaux. Elle ajoute qu'elle en possédait un autre, que les Bourguignons lui ont volé. Son père ou sa mère lui en avaient fait cadeau à Domrémy. Les noms *Jhesus Maria* y étaient gravés et aucune pierre n'y était enchâssée. Le 17 mars, elle précisera ne pas savoir « si c'était de l'or ou du laiton. Elle pense qu'il y avait trois croix et aucun autre signe qu'elle sache, excepté "*Jhesus Maria*" ».

Selon la notice de la maison de ventes Timeline Auctions, l'anneau vendu au Puy du Fou aurait été offert par Cauchon à Henry Beaufort, cardinal de Winchester, présent en Normandie. Or, il ressemble étrangement à l'anneau pris à Jeanne par les Bourguignons. Il ne saurait donc être celui que l'évêque de Beauvais lui avait confisqué ! Il y a là une contradiction majeure, qui permet au doute de s'insinuer. Quelque faussaire moderne ne se serait-il pas inspiré de la description détaillée fournie par la Pucelle pour forger une copie convaincante de l'anneau qu'elle tenait de ses parents ? « On ne compte plus les armures qui auraient appartenu à Jeanne d'Arc », souligne justement le médiéviste Olivier Bouzy. Dès lors, ce nouveau « trésor du patrimoine national » pourrait bien n'être qu'une fâcheuse tromperie.

24. Le tribunal de sang

Des vengeurs masqués, des cavernes éclairées par des torches, d'horribles tortures… La Sainte-Vehme entre mythe et réalité.

Le nom de Sainte-Vehme évoque une justice aussi secrète qu'expéditive, à la fois Inquisition et franc-maçonnerie. Si cette image outrée doit beaucoup au roman gothique du XIXe siècle, elle renvoie à une réalité historique. En 1254, après la mort de Conrad IV de Hohenstaufen, l'Empire germanique sombre dans l'anarchie féodale. Afin de maintenir un semblant d'ordre légal, réapparaissent des tribunaux libres, vestiges de l'ancien droit saxon et des cours carolingiennes.

Ces cours vehmiques – *Fehmgerichte,* d'un mot bas-allemand signifiant « punition » – ont leur siège central à Dortmund, en Westphalie, sur une place entre deux tilleuls. Des succursales essaimeront ensuite à travers l'Allemagne. Chaque séance est présidée par un franc-comte – *Freygrave* – assisté de six francs-juges – *Freyschöffe* –, nobles ou roturiers « de race allemande pure », suffisamment instruits et de bonne moralité. Tous doivent jurer de défendre le tribunal « contre l'eau, le soleil, la lune, les étoiles, le feuillage des arbres, tous les êtres vivants et tout ce que Dieu a créé entre le ciel et la terre». Le moindre manquement à ce serment ou au secret de la société est sévèrement puni.

Contrairement à la légende, les procès se tiennent en plein jour, souvent dans un lieu retiré, colline, lande ou cimetière. Sur une table sont disposés une épée nue et un licol d'osier. Cité à comparaître au moyen d'un parchemin cloué sur sa porte, l'accusé ne peut qu'être acquitté ou condamné à la pendaison, sentence immédiatement exécutoire. D'abord limitée aux crimes d'hérésie et de sorcellerie, la Sainte-Vehme étendra peu à peu ses compétences aux affaires civiles. Au plus fort de sa puissance, au XVe siècle, elle comptera plus de cent mille membres, sous la haute autorité de l'archevêque de Cologne.

La restauration du pouvoir impérial, avec Charles Quint, amorcera son déclin. La Sainte-Vehme sera définitivement abolie en 1811 par Jérôme Bonaparte, alors roi de Westphalie. N'en restera plus qu'un souvenir de terreur diffuse, auréolé de mystère et magnifié par les auteurs romantiques. Au lendemain de la Première Guerre mondiale, des groupes paramilitaires en revendiqueront l'héritage, pour perpétrer des assassinats politiques, achevant ainsi d'en dévoyer la mémoire.

25. Nostradamus en jupons

Les prédictions de « Mère Shipton » semblent d'une hallucinante exactitude. Un peu trop peut-être…

« Des attelages iront sans chevaux, tandis qu'en un clin d'œil, nos pensées voleront autour du monde… On verra des hommes dans les airs, en blanc, en noir en vert… Dans l'eau, le fer flottera, aussi facilement qu'un bateau de bois… » Ces prédictions mirifiques, en vers de mirliton, n'annoncent-elles pas le chemin de fer, le télégraphe, les ballons et les paquebots ? Performance d'autant plus extraordinaire qu'elles auraient été énoncées par une voyante du XVIe siècle, une certaine Ursula Southeil, épouse du charpentier Tobias Shipton.

Selon la légende, celle-ci serait née vers 1488, dans une grotte près de Knaresborough, un village du Yorkshire, au cours d'un violent orage. Sa mère y aurait trouvé refuge pour cacher son opprobre, ayant, dit-on, fauté avec Lucifer en personne. L'endroit est aujourd'hui un site touristique très fréquenté, et « Mother Shipton », figure éminente du folklore britannique, figure l'archétype de la vieille magicienne, aussi hideuse que redoutable.

La vérité historique est plus incertaine. Certes, en 1537, une lettre de Henri VIII au duc de Norfolk fait référence à une « sorcière d'York », mais rien ne prouve qu'il s'agisse de notre Ursula. En réalité, le nom de « Mère Shipton » n'est attesté qu'en 1641, soit près d'un siècle après sa mort supposée, en tête d'un recueil de prophéties… portant sur des événements déjà survenus. Dès lors, la devineresse fera l'objet d'innombrables *chapbooks,* brochures à bon marché vendues par les colporteurs. C'est dans une édition de 1684 que Richard Head inventera les détails merveilleux de sa prétendue biographie. Outre des dons de voyance et de guérison, elle aurait été capable de terrasser ses ennemis d'un seul regard ou de retrouver à distance des objets perdus ou volés.

Si l'on peut penser que quelque pythonisse locale ait été à l'origine du personnage de Mère Shipton, l'essentiel de son existence est imaginaire. Il en est d'ailleurs de même de ses oracles. La plupart sont manifestement antidatés. Quant à ses descriptions d'inventions modernes, elles n'apparaîtront que dans une compilation de 1862. Son auteur, Charles Hindley, un libraire de Brighton, avouera plus tard avoir ajouté ces nouveaux versets, afin de renforcer le caractère sensationnel de l'ouvrage.

26. Un faux et supposé mari

Incarné par Gérard Depardieu au cinéma, Arnaud du Tilh offre l'un des plus curieux cas d'imposture conjugale.

Dès 1561, Jean de Coras, conseiller au Parlement de Toulouse faisait imprimer « une histoire admirable d'un faux et supposé mari, advenue en Languedoc ». L'homme en question, convaincu d'« imposture, fausseté, supposition de nom et personne, adultère, rapt, sacrilège, pleige et larcin », avait été pendu et son corps réduit en cendres, le 13 septembre précédent.

L'affaire commence au cours de l'été de 1556, quand un individu d'une trentaine d'années arrive à Artigat, aux confins du comté de Foix. Il prétend être Martin Guerre, disparu huit ans plus tôt, à la suite d'une sombre histoire de vol. Originaire d'Hendaye, sa famille s'est installée dans le village alors qu'il était encore enfant. La ressemblance est frappante et chacun ne tarde pas à le reconnaître, y compris ses quatre sœurs et même son épouse, Bertrande de Rols. Les choses en seraient peut-être restées là si le « revenant » n'avait pas réclamé à son oncle Pierre l'héritage de son père, mort durant sa longue absence. Les langues commencent alors à se délier, et le doute à s'insinuer dans les esprits. De plus, un ancien soldat de passage certifie que le véritable Martin Guerre avait perdu une jambe au siège de Saint-Quentin.

D'abord disculpé, faute de preuves, le soi-disant Martin est déféré au tribunal de Rieux après qu'une enquête a suggéré qu'il pourrait s'agir en réalité d'un certain Arnaud du Tilh, de Sajas dans le Bas-Comminges. Quoique soutenu par sa femme, qui refuse de le désavouer, le prévenu est condamné à la décapitation, mais il interjette appel et se défend avec éloquence devant la chambre criminelle de Toulouse. Hélas pour lui, un coup de théâtre va réduire ses efforts à néant. Un homme surgit en pleine audience. Il a combattu dans les Flandres, bourlingué en Espagne, il a une jambe de bois. Aussitôt, Bertrande de Rols s'effondre en pleurs à ses pieds. C'est bien Martin Guerre, et l'autre n'est qu'un mystificateur !

Si la cause paraît aujourd'hui entendue, il n'en demeure pas moins des zones d'ombre. Et comment Bertrande a-t-elle pu commettre une telle erreur ? De qui, sinon d'elle-même, le faux Martin avait-il appris autant de détails intimes, sur « les lieux, temps et heures, des actes secrets de mariage » ? Était-elle sa victime ou plutôt sa complice ?

27. Il signor Giocondo

Exposé au musée du Louvre, à Paris, c'est le visage féminin le plus célèbre du monde. Voire…

Duchamp et Dali avaient-ils raison en affublant la Joconde d'une paire de moustaches ? Selon la version officielle, l'œuvre la plus fameuse de Léonard de Vinci représenterait Lisa di Antonio Maria Gherardini, la femme d'un riche marchand d'étoffes florentin, Francesco del Giocondo. D'où son surnom de « Mona Lisa » – « Mona » étant le diminutif de « *Ma donna*, Madame ». En 1504, le maître aurait emporté le tableau inachevé à Milan, puis à Amboise où François Ier en fera l'acquisition.

Une annotation, retrouvée en 2005 dans une édition du XVe siècle des *Epistulae ad familiares* de Cicéron, de la main d'Agustino Vespucci, chancelier florentin et ami du peintre, semble confirmer cette identification. « Léonard apportait à l'âme de la femme l'idéalisation que la Grèce avait apportée à ses traits », s'enflammera André Malraux. Cependant, les experts s'interrogent encore sur la personnalité réelle de la Joconde. Les uns la croient inspirée du visage de Catherine Sforza, princesse de Forli, les autres y devinent les traits de Pacifica

Brandini d'Urbin, maîtresse de Julien de Médicis, ou encore de la propre mère du Vinci.

Mais la thèse la plus étonnante fait de l'énigmatique Mona Lisa… un homme. Un autoportrait travesti ? On rejoint ici les élucubrations de Sigmund Freud sur l'homosexualité, réelle ou supposée, de Léonard. Non, plutôt une figure androgyne, empruntant certaines de ses caractéristiques à Gian Giacomo Caprotti, le plus proche disciple de Léonard, que celui-ci surnommait *« Il Salai »*, c'est-à-dire le « Petit Diable ». Le pinceau du maître n'a-t-il pas reproduit le visage séraphique du Salai à travers son Saint-Jean-Baptiste et certains de ses anges ?

Le promoteur de cette théorie curieuse est un animateur de télévision italien, Silvano Vincenti, qui fait profession de « chasseur de vérités » – au risque de se tromper souvent. En 2011, il soutient avoir repéré, dans les yeux de la Joconde, deux lettres minuscules : un « L » pour « Leonardo » et un « S » pour « Salai ». Les spécialistes du Louvre démentent aussitôt l'information, expliquant qu'il ne s'agit que de craquelures sans signification. Dernièrement, Vincenti a réitéré en affirmant, grâce à une étude à l'infrarouge, que le portait de Mona Lisa dissimulait une silhouette masculine, sans poitrine et plus large d'épaules, et qui ne sourit pas. Celle du Salai évidemment.

28. Le mal des Tudors

« Peste britannique, sudor anglicus ». *Phénomène fugitif, la suette anglaise reste un mystère médical sans réponse.*

Le malade est d'abord pris de frissons, de vertiges et de maux de tête, assailli par de violentes douleurs aux épaules et aux membres. Cette « phase froide » ne dure que quelques heures. Après quoi se déclenche un phénomène de sudation abondante et fétide, accompagné de palpitations, de délire et d'une soif intense, entraînant un épuisement extrême et un sommeil fatal. Les victimes sont généralement emportées en moins d'une journée, à la suite d'une syncope respiratoire et cardiaque.

La diaphorèse spectaculaire qui caractérise cette affection, bien distincte de la peste et du choléra, lui a valu l'appellation populaire de « suette ». Les premiers cas sont repérés durant l'été de 1485, au Pays de Galles. Ils semblent se multiplier dans le sillage des troupes à la solde de Henri Tudor, débarqué à Milford Haven le 7 août pour reprendre le trône à Richard III. L'épidémie atteint son paroxysme à l'automne, à Londres, où Henri VII, victorieux, est entré le 28 août. En quelques semaines, le fléau fait plusieurs milliers de morts, puis disparaît soudainement. La Grande-Bretagne va connaître quatre autres épisodes de suette, aussi impromptus et éphémères.

Moins meurtrière en 1507, l'étrange maladie redouble d'intensité lors de sa troisième réapparition, dix ans plus tard. Oxford et Cambridge sont alors sévèrement touchés. Dans certaines villes, plus de la moitié des habitants rendent l'âme. En 1528, toute l'Angleterre est frappée excepté les confins de l'Écosse. Cette fois, la suette passe sur le continent, ravage Hambourg, Anvers et Amsterdam, envahit la Lorraine, l'Allemagne, la Suisse, poursuit sa marche destructrice vers la Scandinavie, la Pologne, la Russie et les pays Baltes. Curieusement, ni la France ni l'Italie ne seront frappées. L'ultime assaut aura lieu en 1551.

Jamais signalée depuis la fin du XVIe siècle, le *« sweating sickness »* – « mal de la transpiration » – est-il définitivement éteint ? Les médecins s'interrogent encore sur sa nature réelle. Les uns évoquent une forme de tuberculose, d'autres une cardiopathie sévère. Certains experts incriminent le bacille du charbon, ou une souche inconnue d'hantavirus, ces micro-organismes susceptibles de provoquer des zoonoses, infections transmissibles de l'animal à l'homme.

29. Le vampire de Venise

Le comte Dracula se cache en Transylvanie, mais l'une de ses « cousines » hante peut-être les rives de l'Adriatique.

En 2006, dans un charnier du Lazzaretto Nuovo, des archéologues ont fait une macabre découverte. Cette petite île se situe à trois kilomètres au nord-est de Venise, près de l'une des entrées de la lagune, face à celle de Sant'Erasmo. Jadis, les voyageurs arrivant d'Orient y étaient placés en quarantaine. Lors des épidémies de peste, on y reléguait aussi les malades, ensuite enterrés sur place, afin de limiter la contagion. C'est ainsi qu'en 1575-1576, des dizaines de milliers de victimes y ont été entassées pêle-mêle, dans des fosses communes. Le squelette de l'une d'elles a attiré l'attention des spécialistes. Celui d'une femme d'environ soixante ans, de condition modeste, une brique enfoncée entre la mandibule et le maxillaire. Avait-on exhumé le premier vampire italien ?

La thèse fera l'objet d'un article publié en 2010 dans le *Journal of Forensic Sciences*. Si le vampire suceur de sang, issu du folklore d'Europe centrale, est popularisé… par la fin du XIXe siècle le fameux *Dracula* de Bram Stocker, la croyance en l'existence de « revenants en corps », sorte de morts-vivants à ne pas confondre avec les fantômes immatériels, est bien plus ancienne et universelle.

En 1728, le pasteur et philosophe allemand Michael Ranft évoque, dans le *De masticatione mortuorum in tumulis – La mastication des morts dans leurs tombeaux* – plusieurs cas de défunts censés avoir gratté la terre, bougé et émis des râles et des grognements, en mâchant leur linceul. Ces damnés se repaissent de l'énergie vitale des vivants, et pour les mettre hors d'état de nuire, il faut déposer une lourde plaque sur le cadavre, l'inhumer à l'envers ou encore placer dans sa bouche une pierre ou une pièce d'argent.

Est-ce un rituel de ce genre qui aurait été pratiqué à Venise au XVIe siècle? Après la bataille de Lépante, la Sérénissime république comptait nombre de prisonniers slaves. Assignés à la tâche de fossoyeurs, certains ont pu mal interpréter des signes de décomposition et craindre l'action de quelque puissance maléfique. Quoi qu'il en soit, nombre d'historiens s'inquiètent du battage médiatique autour d'une affaire orchestrée à des fins de promotion touristique. Dans le contexte d'un cimetière souvent remanié, la brique pourrait simplement s'être encastrée par accident, longtemps après le trépas de cette malheureuse, tragiquement ordinaire.

30. François, dernier pape ?

À en croire une très ancienne prédiction, la papauté prendrait fin avec le règne du successeur de Benoît XVI.

En 1595, un bénédictin flamand, Arnold Wion, publiait à Venise une somme en cinq livres, sous le titre *Lignum Vitae Ornamentum & Decus Ecclesiae – Arbre orné et illustration de la vie de l'Église*. À l'intérieur de cet ouvrage austère, se cache un texte aussi bref qu'ésotérique : une liste de cent douze devises attribuées à chaque pape depuis Célestin II, mort en 1144, et poursuivie jusqu'à la fin des temps. Selon l'auteur, ces prédictions seraient l'œuvre de l'archevêque Malachie d'Armagh, saint irlandais du XIIe siècle. En réalité, les spécialistes n'ont guère de mal à constater qu'il s'agit d'une forgerie contemporaine, sans doute composée à l'occasion du conclave de 1590, en faveur d'un cardinal qui d'ailleurs ne sera pas élu.

Néanmoins, à l'instar des *Centuries* de Nostradamus, la « Prophétie de saint Malachie » va connaître un succès durable. Des générations d'exégètes vont s'évertuer à faire concorder les devises avec leurs attributaires en cherchant à les rapporter à leurs armoiries, à leur ville natale ou à leur ordre religieux d'origine. Or, si la plupart de ces explications apparaissent forcées – les devises restant sibyllines et interchangeables –, il est indéniable qu'un certain nombre d'entre elles offrent de singulières coïncidences.

Ainsi, *Peregrinus apostolicus* – le Voyageur apostolique – correspond bien à Pie VI qui, à la fin du XVIIIe siècle, s'est rendu à Vienne puis, chassé de Rome par les Français, est allé mourir à Valence. Quant à son successeur, Pie VII – *Aquila rapax,* l'Aigle rapace – n'a-t-il pas été la victime de Napoléon Ier ? Pie IX, pape de 1846 à 1878, mérite certainement la qualification de *Crux de cruce* – la Croix venant de la croix – ayant été dépouillé de son pouvoir temporel par la maison de Savoie, dont les armoiries arborent une croix blanche. Avec encore plus de justesse, Benoît XV, le pontife de la Première Guerre mondiale, est *Religio depopulata* – la religion dépeuplée…

Si l'on accorde le moindre crédit à saint Malachie, le pape François clôturerait la série des pontifes, sous l'appellation énigmatique de *Petrus Romanus,* « Pierre le Romain qui dans l'extrême persécution de la sainte Église romaine, paîtra ses brebis au milieu de nombreuses tribulations. » Mais l'Apocalypse a souvent été prédite, sans jamais se produire !

XI. La fontaine de Jouvence

Le rêve de l'éternelle jeunesse a toujours hanté l'humanité. On prétend qu'un conquistador en aurait percé le secret.

Dans ses *De Orbe Novo decades,* Pietro Martire d'Anghiera, chapelain de Ferdinand II d'Aragon, évoque l'existence d'une île mystérieuse « appelée Boyuca ou Ananeo ». Il ajoute que « ceux qui en ont exploré l'intérieur parlent d'une source remarquable rajeunissant les vieillards qui boivent ses eaux ». Curieusement, cette fable des Indiens caraïbes fait écho à des récits similaires, tirés de la Bible ou de la mythologie gréco-latine. Dans cette illusoire « fontaine de jouvence », Carl-Gustav Jung aurait sans doute décelé un archétype de l'inconscient collectif, traduction d'un désir d'immortalité, lié au pouvoir régénérateur de l'eau.

Quoi qu'il en soit, un certain Juan Ponce de León se serait laissé prendre à ce mirage. Pourtant, l'homme n'a rien d'un songe-creux ! Après avoir participé à la prise de Grenade, ce capitaine castillan rallie les Indes occidentales, peut-être lors du deuxième voyage de Christophe Colomb. Il soumet les Taïnos d'Hispaniola, puis s'empare de Porto-Rico dont il devient gouverneur. En 1513, il décide de lancer ses caravelles vers le nord, avide de davantage de terres et de richesses.

Quelque cacique lui a-t-il raconté l'histoire de cette source miraculeuse grâce à laquelle on pourrait « recouvrer sa virilité, prendre une nouvelle femme et engendrer davantage d'enfants » ? Dans son *Historia General y Natural de las Indias,* Gonzalo Fernandez de Oviedo prétendra en effet que Ponce de León aurait surtout organisé cette expédition « pour guérir son impuissance sexuelle ». En réalité, le conquistador découvrira bel et bien la Floride, mais nullement le moyen de vaincre la mort. Blessé par une flèche empoisonnée, il trépassera à Cuba en 1521, à peine sexagénaire.

Depuis lors, l'industrie touristique a su exploiter le mythe. À Saint Augustine, près de l'endroit où Ponce de León aurait accosté, le *Fountain of Youth Archaelogical Park* – parc archéologique de la Fontaine de Jouvence – montre aux visiteurs crédules l'« authentique » puits de la légende, avec une cruche pour s'y abreuver ! D'autres lui préféreront le « trou de guérison » de l'île de Bimini-Nord, dans l'archipel voisin des Bahamas. Cette piscine naturelle, alimentée par un réseau souterrain, offre une eau très minéralisée, aux réelles vertus médicinales, sinon thaumaturgiques.

32. Immortel Saint-Germain

Figure évanescente du règne de Louis XV, il a enflammé les imaginations sans jamais divulguer sa véritable identité.

Voltaire dira de lui : « C'est un homme qui ne meurt point et qui sait tout. » Lorsqu'il apparaît à Londres vers 1745, il semble âgé d'une cinquantaine d'années. Mais personne ne sait d'où vient celui qui se fera appeler comte de Saint-Germain, parmi beaucoup d'autres pseudonymes. Est-il le bâtard de quelque prince hongrois ou celui de la reine Marie-Anne d'Espagne, comme on le supposera ? Quoi qu'il en soit, son éducation est parfaite et il excelle dans des domaines aussi variés que la musique, la peinture ou la chimie.

Après avoir voyagé durant douze ans – peut-être aux Indes –, notre inconnu s'installe en France. Promettant à Louis XV « la plus riche et la plus rare découverte qu'on ait faite », le prétendu Saint-Germain obtient d'installer ses laboratoires dans les communs du château de Chambord, alors déserté. Mais on le voit plus souvent à Versailles où il hante les salons de la marquise de Pompadour qui l'introduit dans l'intimité du roi.

Conteur hors pair, l'aventurier sait distraire le Bien-Aimé de son éternel ennui. Ne laisse-t-il pas entendre qu'il aurait bien connu Alexandre le Grand et festoyé avec Jésus-Christ aux noces de Cana ? Outre l'élixir de longue vie, l'homme aurait également découvert la pierre philosophale. Il posséderait ainsi le secret de transmuter le plomb en or et d'ôter les taches des diamants ! Il se nourrirait seulement de pilules et de pain sec. Il parlerait onze langues dont le sanskrit, l'arabe et le chinois. À Paris, les rumeurs les plus invraisemblables courent sur Saint-Germain qui ne fait rien pour les démentir.

Poursuivi par la vindicte du ministre Choiseul et suspecté d'espionnage, cet étrange personnage s'éclipse en 1760. On le rencontrera ensuite en Angleterre, en Italie et en Prusse, où il bénéficie de la protection de Frédéric II, puis à la cour du landgrave Charles de Hesse-Cassel, féru d'alchimie et qui le considère comme « l'un des plus grands philosophes qui aient jamais existé ». Notre immortel finira son existence à Eckernförde, dans le Schleswig, le 27 février 1784, sans doute presque centenaire. Trépas simulé ? C'est ce que penseront ceux qui affirmeront l'avoir croisé plus tard, bien vivant. Jusqu'à ce play-boy, ami de la chanteuse Dalida, qui prétendra être le comte de Saint-Germain… en 1972.

33. Louis XVI franc-maçon ?

Les complotistes assurent que la Révolution est un complot maçonnique. Même si Louis XVI aurait été initié…

Le 7 septembre 1775, se constitue à Versailles la « loge militaire des Trois Frères, à l'orient de la Cour ». Cette appellation a trompé bien des historiens, et jusqu'au célèbre Albert Mathiez qui n'hésite pas à soutenir que « Louis XVI et ses frères, Marie-Antoinette elle-même, maniaient la truelle ». En réalité, cette loge, dont le « vénérable » est un certain Minette de Saint-Martin, exempt des gardes du corps de Monsieur, ne réunit que de modestes officiers et fonctionnaires. Son nom est un hommage appuyé au jeune monarque qui règne depuis à peine plus d'un an, et à ses deux cadets, les comtes de Provence et d'Artois.

D'ailleurs la franc-maçonnerie du XVIIIe siècle affiche sa fidélité au régime en place, « un attachement inviolable pour la religion, le roi et les mœurs ». C'est toujours le cas aujourd'hui en Grande-Bretagne, où le grand maître de la Grande Loge unie n'est autre que le duc de Kent, cousin de la reine. Importée en France par des Écossais jacobites, partisans des Stuarts, la maçonnerie séduit d'abord les milieux aristocratiques. Deux princes du sang en assumeront tour à tour la direction : Louis de Bourbon-Condé, comte de Clermont, puis Louis Philippe Joseph, duc de Chartres puis d'Orléans, le futur « Philippe Égalité ». Il semble même que Louis XV ait été initié, avec son premier valet de chambre Bontemps. Un certain comte d'Antil révèle, en 1788, que « ce roi, si ami de l'humanité, tenait assez souvent loge dans ses appartements ».

En revanche, son petit-fils et successeur n'a sans doute jamais été « sous l'acacia ». Au reste, dans une lettre à ses cousins, Louis XVI qualifie une telle affiliation d'« indigne de princes de notre sang ». Quant à Marie-Antoinette, elle aurait déclaré un jour que la franc-maçonnerie n'est qu'une société de bienfaisance, que « l'on y mange beaucoup, l'on y parle et l'on y chante ».

Reste la « voûte d'acier » d'épées entrecroisées sous laquelle Louis XVI a dû passer lors de sa visite à l'hôtel de ville de Paris, le 17 juillet 1789, à l'invitation du maire Jean Sylvain Bailly, franc-maçon notoire. Il s'agit en effet d'un rituel d'accueil, réservé théoriquement aux hauts dignitaires ou aux invités de marque. Les plus sagaces verront plutôt dans ce geste une façon de rabaisser la majesté royale. De faire passer le souverain sous les fourches caudines de la Révolution.

34. Le Turc mécanique

L'ordinateur daterait-il du XVIIIᵉ siècle ? Le fameux « joueur d'échecs » du Hongrois Kempelen pourrait le laisser croire.

Le 12 juin 1783, Bachaumont consigne dans ses *Mémoires secrets :* « Toute l'académie des Sciences, tous les grands mécaniciens ont été voir le joueur d'échecs, et l'auteur qui s'attendait à être bientôt deviné dans ce pays-ci, est émerveillé que son secret échappe à tant d'observateurs. » La merveille en question a l'aspect d'un mannequin de haute stature, revêtu d'un costume oriental, assis derrière un large buffet de bois bourré d'engrenages, cylindres, leviers, ressorts et autres cadrans. Ce « Turc mécanique » sait non seulement déplacer les pièces sur un échiquier, mais il bat n'importe quel adversaire en moins d'une demi-heure ! Seul le grand Philidor a réussi à le faire mat, non sans mal.

Cette étrange histoire débute quatorze ans auparavant, à la cour de Vienne, lorsque l'impératrice Marie-Thérèse demande à l'un de ses ingénieurs, le Hongrois Wolfgang von Kempelen, de concevoir un automate doté de capacités prodigieuses. Le « joueur d'échecs » va dépasser toutes ses espérances. Présenté à travers toute l'Europe, à Leipzig, à Amsterdam, à Londres, à Paris, il saura toujours préserver son mystère.

Pourtant, Kempelen prend bien soin d'ouvrir les portes du caisson renfermant l'incompréhensible mécanisme censé le faire fonctionner. Chacun peut ainsi constater qu'il n'y a aucun trucage.

Benjamin Franklin, la Grande Catherine de Russie, et même l'invincible Napoléon devront s'incliner devant ce sultan de métal ! En 1808, le fils de Kempelen cède l'appareil au Bavarois Johann Maelzel, inventeur du métronome. Celui-ci lui apporte certains perfectionnements avant de l'exhiber jusqu'aux États-Unis, où il inspire un essai à Edgar Allan Poe. Après la mort de Maelzel, en 1836, le « Turc » est vendu aux enchères. Il sera hélas détruit dix-huit ans plus tard, au cours de l'incendie du *Chinese Museum* de Philadelphie.

C'est peu après que Silas Mitchell, le fils de son dernier propriétaire, dévoile le fin mot du prétendu automate. Bien évidemment, il s'agissait d'un canular. Des cloisons amovibles permettaient à un véritable joueur de se dissimuler dans le meuble, d'où il contrôlait les mouvements du pantin au moyen d'un ingénieux dispositif. Car s'il n'avait pas inventé la cybernétique, Kempelen était néanmoins un technicien de talent.

35. Le cœur du dauphin

En 2004, le cœur de Louis XVII a été déposé à Saint-Denis. Mais qu'en est-il de celui de son frère aîné ?

Oublié de l'Histoire, le fils aîné de Louis XVI et de Marie-Antoinette, le dauphin Louis-Joseph, s'éteint le 4 juin 1789, âgé de sept ans, emporté par la tuberculose osseuse. Selon une tradition immuable remontant au Moyen Âge, son corps est autopsié puis embaumé, le cœur traité à part. Le docteur Jean-Joseph Sue détaille le procédé dans son *Anthropotomie,* en 1765 :

« Il faut d'abord avoir l'attention de bien le laver avec de l'esprit de vin, puis on remplira les gros vaisseaux, les ventricules, et les oreillettes, de la poudre balsamique. Sa surface extérieure sera aussi recouverte de la même poudre mélangée avec le liniment. On a ensuite une poche de toile tirée et à peu près de la figure du cœur […] Enfin on le mettra dans une boîte de plomb faite exprès, et dont la structure et la figure soient à peu près les mêmes. »

Dans la soirée du 12 juin 1789, le cœur embaumé de Louis-Joseph est transféré en grande pompe par le duc de Chartres – futur Louis-Philippe Ier – au Val-de-Grâce où reposent la plupart des cœurs princiers depuis Anne d'Autriche. La chapelle sera saccagée dans les dernières semaines de 1792, comme le rapporte le journal *Les Révolutions de Paris :* « les cœurs des tyrans, embaumés [...] déjà gisent pêle-mêle sur le pavé de la chapelle funéraire [...] dépouillés de leurs enveloppes d'argent et d'or ». Plusieurs plaques de cuivre mentionnant l'identité des défunts – dont celle de Louis-Joseph –, sauvées de la destruction, se trouvent aujourd'hui au musée Crozatier du Puy. Quant aux viscères eux-mêmes, quelques-uns seront emportés par des peintres pour en faire de la « mummie », une sorte de pigment brun.

Pour ce qui est du cœur de Louis-Joseph, un dossier des Archives nationales nous apprend qu'il a été subtilisé par un certain Legoy, secrétaire du comité de l'Observatoire. En 1817, il est entre les mains d'un « sieur Thévenin » qui le remet au maire du XIIe arrondissement – l'actuel V^{e} –, Jean-Denis Cochin. Depuis lors, nul ne sait ce qu'il lui est advenu. En tout cas, il n'aurait pu être confondu avec celui de son frère cadet, mort au Temple. Le cœur de Louis XVII, soustrait par le chirurgien Philippe-Jean Pelletan, a été conservé dans l'alcool, comme une curiosité anatomique, sans subir l'embaumement classique.

36. Querelle épidermique

Est-ce la dépouille d'un « Bleu » ou celle d'un « Blanc » ? D'un fidèle royaliste ou d'un fervent républicain ?

Le 11 janvier 2006, les militants d'un « Collectif des libertés bretonnes », issu de la mouvante monarchiste, manifestaient devant une vitrine du Muséum d'Histoire naturelle de Nantes. À l'intérieur, entre une tête de guerrier maori et une momie égyptienne, était exposée une peau humaine tannée. Un cartel dactylographié expliquait qu'il s'agissait de celle « d'un soldat tué en 1793 en défendant la ville de Nantes ».

Le farouche républicain aurait souhaité que son enveloppe charnelle serve à la confection d'un tambour, « mais on s'aperçut que son épaisseur – derme plus épiderme – ne permettait aucune résonance ». Par la suite, ce macabre trophée sera offert au droguiste et naturaliste François-René Dubuisson, fondateur du musée. Cependant, aux yeux des « patriotes bretons » qui exigeaient leur inhumation en terre chrétienne, c'étaient bien plutôt les restes « d'un chouan ayant combattu la politique de terreur et d'extermination de la République française ».

Depuis la rénovation du Muséum, la mystérieuse peau a été placée dans les réserves, pour « raisons éthiques ». Mais que connaît-on au juste de son origine ? L'hypothèse du soldat républicain ne repose sur aucune source fiable. Elle évoque étrangement une anecdote des *Essais* de Montaigne au sujet du Bohémien Jean Vischa qui « voulut qu'on l'écorchât après sa mort et de sa peau qu'on fît un tambourin à porter à la guerre contre ses ennemis ».

En revanche, il est avéré qu'un certain Péquel – ou Pikelle –, chirurgien au 4e bataillon des Ardennes, a fait préparer quelques dizaines de peaux de prisonniers vendéens, massacrés aux Ponts-de-Cé, près d'Angers, en décembre 1793. Les archives départementales du Maine-et-Loire conservent plusieurs témoignages directs de ces abominations. L'un d'entre eux précise que l'« on coupait la peau au-dessus de la ceinture, puis le long de chacune des cuisses jusqu'à la cheville des pieds, de manière qu'après son enlèvement le pantalon se trouvait en partie formé. Il ne restait plus qu'à tanner et à coudre ». Le spécimen de Nantes illustre assez exactement un tel procédé. Il s'inscrit d'ailleurs dans le droit fil des exactions des Colonnes infernales et il répond à l'objectif affirmé de la Convention : « La race rebelle sera exterminée, la Vendée détruite. »

37. Tarare le polyphage

La gourmandise et la gloutonnerie sont péchés capitaux. Mais elles prennent parfois des proportions alarmantes.

Dans sa livraison de brumaire an XIII – octobre-novembre 1804 – le *Journal de Médecine, Chirurgie, Pharmacie, etc.* publie un Mémoire sur la polyphagie, signé par l'illustre chirurgien Pierre-François Percy. La chronique offre maints exemples de ce trouble du comportement alimentaire, caractérisé par une faim insatiable.

Le futur baron d'Empire s'attache à un cas qu'il a étudié personnellement, celui d'un « mangeur incomparable » dont il ne connaît que le sobriquet, Tarare, sans doute emprunté au titre d'un opéra à la mode de Salieri, sur un livret de Beaumarchais. À la veille de la Révolution, notre homme exerce à Paris le métier de saltimbanque, mettant déjà à profit sa voracité pathologique. Contre quelques deniers, il avale des cailloux, des bouchons de liège, des pommes par paniers entiers, de petits animaux vivants.

En 1792, âgé de vingt ans, il s'enrôle dans les armées républicaines. Plus affamé que jamais, Tarare tombe malade et se retrouve à l'hôpital ambulant de Soultz, où il devient un objet de curiosité scientifique. Il reçoit quadruple ration, mais son avidité n'ayant pas de bornes, il dévore des chats, des poulets, des couleuvres, engloutit en quelques instants le dîner de quinze ouvriers. Quand il ne trouve rien de plus ragoûtant, il se contente des rebuts d'équarrissage, du sang des saignées, des cataplasmes, et même des cadavres de la morgue. Une fois repu, il sombre dans une somnolence brutale, tandis qu'une sueur abondante et fétide s'échappe de son corps.

Chassé à la suite de la disparition suspecte d'un nourrisson, notre ogre ne sera retrouvé par Percy qu'en fructidor an VI – août 1798. Très affaibli, il séjourne alors à la succursale des Invalides sise à Versailles, dans les bâtiments de l'actuel lycée Hoche. En proie à la « tabidité », ou consomption extrême, il ne tarde pas à trépasser. Son acte de décès, en date du « 2e jour complémentaire de l'an VI » – 18 septembre 1798 – mentionne un diagnostic « d'affection rhumatismale », terme assez vague pour ne rien expliquer. D'ailleurs, les causes de la polyphagie restent aujourd'hui assez obscures. Toutefois, l'état civil indique que notre gargantua se nommait en réalité François Dauseur – ou Douceur – « chasseur de la 9e demi-brigade d'infanterie légère » et qu'il était né à Sennely, département du Loiret, le 2 juillet 1772.

38. Monts et merveilles

Une muraille infranchissable traversant le continent africain ? La géographie cultive aussi ses mythes.

Le 23 août 1796, l'explorateur écossais Mungo Park, parti à la découverte du fleuve Niger, aperçoit à l'horizon ce qui lui semble une succession de hauts sommets. Les indigènes qui l'accompagnent lui disent qu'ils appartiennent au grand et puissant royaume de Kong. C'est ainsi que les mythiques « montagnes de Kong » vont s'inscrire pour longtemps dans l'imaginaire européen. Le major James Rennell, qui établit une carte de l'Afrique en interprétant abusivement les données de Mungo Park, en fait le tronçon occidental d'un système orographique qui, avec les non moins fabuleux « monts de la Lune », aurait barré l'Afrique transversalement, le long du 10e parallèle nord, presque de l'Atlantique au golfe d'Aden.

À la suite du Grec Ptolémée, les géographes musulmans El Idrissi et Léon l'Africain affirmaient en effet que le Niger comme le Nil trouvaient leur source quelque part dans ce massif central, encore inconnu. Cette idée fallacieuse s'ancre si bien dans les esprits que certains aventuriers, au cours du XIXe siècle, parleront de reliefs élevés « aux reflets bleutés » et de fantastiques gisements d'or. Plusieurs expéditions seront organisées pour les atteindre et, vers 1870, le Grand Dictionnaire Larousse évoque toujours « la longue et large traînée des monts de Kong, que coupe le Niger et qui sépare la Guinée du Soudan ».

Le 20 février 1888, le capitaine français Louis-Gustave Binger, après avoir traversé le « Soudan occidental » – le Mali –, atteint enfin la cité marchande de Kong, au nord-est de l'actuelle Côte d'Ivoire. Ancienne capitale de l'empire ouattara, prospère au XVIIIe siècle, elle reste une place commerciale réputée pour ses cotonnades. Mais Binger doit se rendre à l'évidence : « À l'horizon, on n'aperçoit même pas une ride de collines. La chaîne de montagnes de Kong n'a jamais existé que dans l'imagination de quelques voyageurs mal renseignés. » Les plateaux environnants ne dépassent pas les sept cents mètres d'altitude !

Son récit, paru dans le supplément illustré du *Temps* de mars 1890, clôt le débat : « La large chenille qui s'étale sur nos cartes, sous le nom des montagnes de Kong, est à supprimer : elle n'existe pas. » Pourtant, en 1933, le cinéaste Merian C. Cooper se souviendra de la légende au moment de baptiser son gorille géant… King Kong.

89. Napoléon est-il Breton ?

La Corse a célébré, en 2019, le deux-cent cinquantième anniversaire de l'Empereur. Mais n'est-il pas né ailleurs ?

Quittant précipitamment la cathédrale d'Ajaccio où elle assistait à la messe de l'Assomption, Letizia Ramolino a juste le temps de regagner la « casa Buonaparte », pour y mettre au monde un garçon, dans le salon du rez-de-chaussée. La scène, cent fois racontée, se déroule le 15 août 1769. Et le nouveau-né n'est autre que le futur Napoléon Ier.

Pourtant, une légende persistante veut que ce récit fondateur soit apocryphe. En réalité, l'Aigle aurait déployé ses ailes, non point sur les rives de la Méditerranée, mais près de la Manche. Son véritable berceau serait le manoir de Pen Ar Vern, à Sainte-Sève, à côté de Morlaix. C'est là que Letizia serait venue accoucher clandestinement d'un enfant, fruit de ses amours coupables avec Charles-Louis de Marbeuf, gouverneur de la Corse. Quant au prénom de « Napoléon », il faut lire « Né Pol Léon », c'est-à-dire natif du diocèse de Saint-Pol de Léon !

Si la théorie est séduisante, elle n'est guère étayée. Certes, Napoléon ne sera baptisé solennellement que le 21 juillet 1771, mais il avait probablement été ondoyé à la naissance. D'autre part, si l'on prétend que les registres paroissiaux de Sainte-Sève auraient été mutilés, la collection départementale, intacte, ne signale aucun événement insolite. Enfin, un tel voyage de la signora Buonaparte n'aurait pu passer inaperçu. Il n'en reste pas moins que Napoléon s'est toujours interrogé sur ses origines. De qui avait-il hérité ses talents militaires ? Les Buonaparte étaient hommes de loi, serait-il issu d'un général ? Dès le retour d'Égypte, il se confie à Gaspard Monge qui note dans ses *Mémoires* : « Faisait allusion à la liaison connue de sa mère avec M. de Marbeuf [...] il expliqua combien il aurait désiré connaître avec certitude son vrai père. »

Sans doute la belle Letizia, délaissée par un époux volage, n'est-elle pas demeurée insensible aux charmes du vieil officier breton, dont elle était « l'objet des soins les plus empressés », selon Victor Colchen, secrétaire de l'intendant de Corse. Dès lors, Marbeuf pourrait bien être le père – sinon de Napoléon – de son frère cadet Louis, né en 1778. De récentes analyses génétiques paraissent d'ailleurs l'indiquer. Napoléon III, le fils de Louis, n'aurait pas été un Bonaparte.

40. Victor de l'Aveyron

Qui était réellement cet « enfant sauvage » découvert à la fin du XVIIIe *siècle aux confins du Rouergue et de l'Albigeois ?*

« Or, comme il est bien décrété, / Que tout homme doit être libre, / Exprès nous l'avons arrêté / Pour l'informer qu'il était libre. » S'il témoigne d'un fait divers qui a ému la France du Consulat, *Le Sauvage de l'Aveyron*, vaudeville en un acte, n'a guère marqué l'art lyrique !

L'affaire commence en juillet 1799, quand des chasseurs de Lacaune, dans le Tarn, débusquent un enfant d'une douzaine d'années, errant seul dans les bois. Entièrement nu, il ne s'exprime que par gestes, marche à quatre pattes, se nourrit de glands et de racines. Ramené de force au village, il ne tarde pas à s'enfuir. Il réapparaîtra le 9 janvier suivant, à Saint-Sernin-sur-Rance, dans le département voisin de l'Aveyron.

Placé dans un orphelinat de Saint-Affrique, puis à Rodez, l'adolescent déconcerte les observateurs. « Il ne différait d'une plante qu'en ce qu'il avait, de plus qu'elle, la faculté de se mouvoir et de crier », résume l'un d'eux. Il ne semble posséder ni discernement, ni sensibilité. Il voit sans regarder, entend sans écouter. Transféré à Paris sur ordre du ministre de l'Intérieur

Lucien Bonaparte, « l'intéressant phénomène » devient un temps la coqueluche de la capitale. Examiné par le célèbre aliéniste Philippe Pinel, il est ensuite pris en charge par le docteur Jean-Marc Itard. Ce pionnier de l'oto-rhino-laryngologie le baptise Victor, car l'enfant ne sait prononcer que le son « o ». Au terme de cinq années d'efforts ininterrompus, le médecin devra s'avouer vaincu. Malgré de timides progrès, son patient s'avère incapable d'une véritable socialisation. Dans son rapport final, publié en 1807, Itard conclut que l'homme « serait sans la civilisation, un des plus faibles et des moins intelligents des animaux ». Confié aux soins d'une certaine madame Guérin, Victor vivra encore dix-sept ans, oublié de tous.

Aujourd'hui, les spécialistes réfutent la thèse du « bon sauvage ». Ils diagnostiquent plutôt un trouble mental, peut-être une forme d'autisme. L'enfant aurait subi de graves sévices avant d'être abandonné par les siens. Rien à voir donc, avec la vision rousseauiste d'un être à l'état de nature, arraché « à une vie innocente et heureuse », tel que le montre François Truffaut, en 1969, dans *l'Enfant sauvage,* le film qui réécrit sa pitoyable histoire.

11. Un ovni nippon

Début du XIXe siècle, au nord de Tokyo. Une embarcation ronde, avec quatre hublots… Serait-ce un vaisseau spatial ?

Dans les premiers mois de 1803 – le 22 février ou le 24 mars selon les sources –, des pêcheurs du village de Harashagahama, dans la province de Hitachi, sur la côte orientale du Japon, abordent un étrange esquif, voguant à la dérive et qu'ils remorquent jusqu'à terre. Cet *Utsuro-bune* – « navire creux », ou « abandonné » – a la forme d'un brûle-encens ou d'une marmite à riz, d'un diamètre d'environ cinq mètres cinquante. Sa coque circulaire est renforcée de plaques d'airain, pour la protéger des écueils.

La partie supérieure, ornée de symboles inconnus, semble faite de bois de santal rouge. Quatre fenêtres de cristal ou de verre, défendues par des barreaux, permettent de jeter un regard à l'intérieur, où se trouvent deux tapis, une grande bouteille d'eau, des gâteaux, de la viande pétrie… Mais il y a aussi une passagère d'environ dix-huit à vingt ans, d'une beauté indescriptible. Richement vêtue, elle mesure cinq *shakus* – environ cent cinquante et un centimètres. Elle est rousse, le visage rose très pâle. Curieusement, des extensions de fourrure ou de tissu blanc prolongent ses cheveux. Polie et amicale, elle s'exprime dans une langue inconnue, aux accents métalliques. Dans ses bras, elle serre une boîte rectangulaire à laquelle elle paraît attacher une grande valeur. Incapable de communiquer, elle finira par repartir sur l'océan.

Ce récit, qui est rapporté, avec quelques variantes, dans trois ouvrages contemporains, a donné lieu à de multiples interprétations. La plus romantique fait de la jeune femme mystérieuse, une princesse chinoise bannie pour adultère, emportant dans un coffret la tête de son amant immolé. Mais l'aspect général de l'*Utsuro-bune* évoque celui des fameuses « soucoupes volantes ».

S'agirait-il donc d'une « rencontre du troisième type », un siècle et demi avant que l'on ne commence à parler d'ovnis ? La jolie voyageuse serait-elle originaire d'une galaxie lointaine ? Les auteurs de mangas et de dessins animés japonais ont brodé à l'envi sur ce thème. Quant aux ethnologues, ils voient plutôt dans cette histoire merveilleuse un mélange de folklore et d'imagination. À l'époque, l'Empire du Soleil levant vivait en complète autarcie, coupé de toute influence étrangère, et le reste du monde y était perçu à la fois avec curiosité et inquiétude.

42. Tsar ou starets ?

En 1864, un mystérieux ermite s'éteint près de Tomsk, en Sibérie occidentale. La rumeur lui prête une auguste origine.

Officiellement, l'empereur Alexandre Ier, vainqueur de Napoléon, aurait été terrassé par une fièvre pernicieuse, le 1er décembre 1825, à Taganrog, sur les bords de la mer d'Azov. Néanmoins, cette disparition soudaine d'un souverain encore jeune – il n'avait que quarante-sept ans – pose bien des questions. Les témoignages divergent, et la putréfaction rapide du cadavre l'a rendu très vite méconnaissable. C'est un cercueil fermé, en contravention avec la coutume orthodoxe, qui figurera aux obsèques solennelles, à Saint-Pétersbourg.

Une dizaine d'années plus tard, la police de Perm, dans l'Oural, arrête un vieillard d'une soixantaine d'années, la stature imposante, les yeux bleus, parlant couramment le français et rompu aux usages de la cour. Il dit s'appeler Féodor Kouzmitch, mais il ne possède aucun papier d'identité et, malgré les coups de fouet, il refuse de révéler son passé. Après un séjour en prison, l'inconnu est envoyé à Tomsk, pour y travailler dans une distillerie d'État. Par la suite, il s'installera dans une modeste cabane, menant une existence ascétique et charitable. Il acquiert ainsi une réputation de *starets,* c'est-à-dire d'homme de Dieu, enseignant l'Écriture sainte et guidant les âmes.

Après sa mort, survenue le 1er février 1864, sa tombe devient un lieu de pèlerinage. Mais l'un de ses disciples, le marchand Sémyon Féofanovitch Khromov, en est persuadé : Kouzmitch était en réalité Alexandre Ier ! Rongé par le remords d'avoir trempé indirectement dans l'assassinat de son père Paul Ier, le tsar aurait voulu se retirer du monde afin d'expier ses fautes. L'étrange anachorète s'était toujours refusé à faire la moindre confidence, mais de hauts dignitaires de l'Empire – y compris des membres de la famille Romanov – seraient venus implorer sa bénédiction. Et lorsque Alexandre III fera ouvrir le cercueil de son arrière-grand-oncle, on raconte qu'il l'aurait trouvé vide…

Légende ou vérité ? Cette singulière histoire inspirera un roman à Léon Tolstoï. Au début du XXe siècle, le diplomate français Maurice Paléologue soutiendra lui aussi la thèse selon laquelle Alexandre Ier se serait caché sous la défroque du moine sibérien. Canonisé en 1984 par l'Église russe, Féodor Kouzmitch garde le secret de sa naissance.

43. Israël en Amérique

Quatrième confession chrétienne des États-Unis, la foi mormone repose sur de surprenants textes sacrés.

Au matin du 27 septembre 1827, Joseph Smith Jr., guidé par l'ange Moroni, grimpe la colline de Cumorah, dans l'État de New York. Près du sommet, il sort de sous un rocher de fines plaques dorées, gravées de signes étranges et reliées par trois anneaux métalliques. Elles relatent les pérégrinations de plusieurs groupes d'israélites venus, au cours de l'Antiquité, s'établir outre-Atlantique… C'est du moins ce que soutiendront Joseph Smith et les onze témoins qui les auraient contemplées. Une fois « traduites » par le prophète, sous l'inspiration divine, ces annales mystérieuses auraient été enlevées au ciel. Leur contenu constitue le *Livre de Mormon*, que les seize millions de fidèles de l'Église de Jésus-Christ des saints des derniers jours révèrent comme la parole de Dieu.

Mais que penser de leur authenticité, voire de leur existence ? Inutile de préciser que les récits fabuleux du *Livre de Mormon* sont contredits par l'archéologie. Nulle trace de « Néphites » ni de « Jarédites » dans l'Amérique précolombienne ! Né en 1805, au sein d'une famille de pionniers, fervents protestants, le jeune Joseph Smith se dit très tôt gratifié d'apparitions mystiques. Il prétendra que les plaques reçues miraculeusement étaient rédigées en « égyptien réformé ». Champollion vient juste de déchiffrer les hiéroglyphes et le pays des pharaons reste nimbé de mystère.

En réalité, le *Livre de Mormon* apparaît comme un laborieux pastiche de l'Ancien Testament, truffé d'anachronismes. On y parle par exemple de chevaux, de chars à roues, d'épées de fer ou de pièces de monnaie, toutes choses inconnues avant l'arrivée des Européens. Reste à déterminer l'origine véritable de ces « révélations », manifestement apocryphes.

Selon les uns, Joseph Smith aurait pris pour modèle le roman d'un certain Solomon Spaulding, *Manuscript Found – Le Manuscrit retrouvé* – narrant une histoire similaire. Cette œuvre, jamais publiée, aurait été recopiée par Sidney Rigdon, l'un des premiers disciples de Joseph Smith. Mais ce dernier aurait surtout subi l'influence du pasteur et bibliste Ethan Smith – sans parenté avec lui – auteur en 1825 de *View of the Hebrews – Aperçu sur les Hébreux.* Les Amérindiens y sont supposés descendre de tribus juives perdues, comme dans le *Livre de Mormon.*

44. L'Orphelin de l'Europe

Était-il le rejeton d'un trône princier ou simplement un enfant victime d'intolérables sévices ?

Le 26 mai 1828, dans une rue de Nuremberg, deux passants sont abordés par un adolescent hébété, apparemment perdu, qui tient à la main une lettre adressée au capitaine Wessnich, commandant au 6e régiment de chevau-légers. Le malheureux garçon sait à peine griffonner son nom – Kaspar Hauser – et articuler quelques mots. Lorsqu'il réussira à s'exprimer, ce sera pour déclarer qu'il a toujours vécu enfermé dans une cave obscure, ne voyant jamais personne.

Le mystère s'épaissit quand Kaspar est victime de plusieurs attentats. Les journaux le baptisent « l'Orphelin de l'Europe » et échafaudent des hypothèses. Ne serait-il pas le légitime héritier du grand-duché de Bade ? En effet, le 29 septembre 1812, Stéphanie de Beauharnais, cousine de Joséphine, fille adoptive de Napoléon et épouse du prince Charles de Bade, a accouché d'un fils, officiellement décédé à l'âge de deux semaines. Mais, en secret, le nouveau-né aurait pu être enlevé par la comtesse de Hochberg, épouse morganatique du grand-duc Charles-Frédéric, le grand-père de Charles, laquelle voulait favoriser ses propres enfants. En décembre 1833, l'infortuné Kaspar Hauser est poignardé, à Ansbach en Franconie, et succombe à ses blessures. Sur le lieu du meurtre, une inscription latine rappelle : *« Hic occultus occulto occisus est »* – « Ici, un inconnu a été tué par un inconnu ».

Dès 1998, des analyses génétiques sont pratiquées à Munich sur le caleçon ensanglanté que Kaspar portait le jour de sa mort. Or, l'ADN mitochondrial mis en évidence ne présente aucune similitude avec celui de deux parentes actuelles de la famille de Stéphanie de Beauharnais. Kaspar n'était donc pas un prince de Bade ? Rebondissement en 2002, quand le professeur Bernd Brinkmann, de l'université de Münster, compare la signature chromosomique relevée sur des vêtements et des cheveux de l'orphelin avec celui d'une autre descendante des Beauharnais. Cette fois, il y a une concordance presque parfaite.

Depuis lors, l'énigme attend encore sa réponse. Pour la résoudre, on pourrait, par exemple, prélever des échantillons sur les restes du frère de Stéphanie, Albéric de Beauharnais, ou de sa mère, née Claudine de Lezay-Marnézia. Quant à autoriser l'exhumation de la grande-duchesse, enterrée à Pforzheim, la maison de Bade s'y refuse jusqu'à aujourd'hui.

45. Un drame romantique

Qu'elle soit innocente ou coupable, Marie Lafarge aurait pu être une héroïne de Balzac ou de Stendhal.

« Une pâleur livide que relèvent et rendent plus effrayante encore l'ébène de ses cheveux noirs et les vêtements de deuil dont elle est couverte, règne sur tous ses traits amaigris par les longues tortures de la captivité. » En ce 3 septembre 1840, la cour d'assises de Tulle est bondée de curieux et de journalistes. La jeune femme de vingt-quatre ans que l'on juge aujourd'hui, fille d'un baron d'Empire, appartient au meilleur monde. On chuchote même que sa grand-mère maternelle était une bâtarde du duc d'Orléans, Philippe Égalité, et de Madame de Genlis.

Une petite-nièce du roi des Français accusée d'empoisonnement ! Car on soupçonne Marie Cappelle d'avoir expédié *ad patres* son encombrant mari, un certain Charles Pouch-Lafarge, maître de forges au Glandier, une ancienne chartreuse située sur la commune de Beyssac, en Corrèze. Renonçant à ses rêves romantiques, elle a consenti, l'année précédente, à convoler avec cet homme bourru, que certains décrivent comme violent et dépravé. Débarquant en Corrèze, la nouvelle madame Lafarge y a découvert un manoir délabré et sinistre.

Elle implore d'abord son époux de lui accorder le divorce, menaçant de se suicider. Pourtant, elle semble bientôt se résigner à son sort, et quand Charles se rend à Paris pour un voyage d'affaires, en novembre 1839, elle lui écrit des lettres affectueuses, et lui adresse même un gâteau confectionné à son attention. À peine y a-t-il goûté qu'il est pris de vomissements. Le malheureux rentre alors chez lui pour y trépasser, le 14 janvier 1840. Dénoncée par sa belle-mère, Marie Cappelle est arrêtée dix jours plus tard. L'autopsie n'a rien montré de suspect, mais la veuve a étrangement acheté de grandes quantités d'arsenic.

Son procès va se résumer à une querelle d'experts, à une époque où la toxicologie est encore balbutiante. Marie n'en sera pas moins condamnée aux travaux forcés à perpétuité. Graciée en juin 1852 par le prince-président, elle s'éteint dès le 7 septembre, minée par la tuberculose. Sa tragédie a sans doute inspiré à Flaubert son personnage d'Emma Bovary. Un siècle et demi a passé, mais l'« affaire Lafarge » demeure un mystère. Intoxication alimentaire, typhoïde, vengeance familiale ? Les derniers défenseurs de Marie Cappelle, qui ont encore déposé une demande de révision en 2011, continuent de croire en son innocence.

46. Émilie et son double

Le spectre d'une institutrice, hantant les plaines froides et humides de Livonie. La trame d'un roman d'épouvante.

La scène se passe en 1845, dans un internat féminin, à Neuwelcke – aujourd'hui Jaunvelki, près de Valmiera, en Lettonie. Si le tsar Nicolas Ier règne alors sur les Pays baltes, la plupart des élèves appartiennent à la noblesse allemande locale. Or, un jour que les pensionnaires brodent paisiblement dans la grande salle du rez-de-chaussée, sous la surveillance de l'une de leurs « sous-maîtresses », du nom d'Émilie Sagée, n'ont-elles pas la frayeur d'apercevoir par les portes-fenêtres la même demoiselle, en chair et en os, cueillant des fleurs dans le jardin ! Deux adolescentes s'enhardissent jusqu'à toucher l'apparition, qui s'évanouit peu à peu.

Hallucination collective ? Non, car des incidents similaires se multiplient. Une autre fois, l'institutrice écrit au tableau avec une craie, tandis que son « double », à ses côtés, mime ses gestes. Antonie de Wrangel assure avoir constaté le phénomène à plusieurs reprises, alors qu'elle se trouvait seule avec Émilie. D'ailleurs, la principale intéressée n'a aucune conscience de ce qui lui arrive. En dehors des étranges manifestations, cette Française de trente-deux ans, est d'un naturel gai et enjoué. Certes, elle se montre parfois nerveuse, mais ses mœurs sont irréprochables. Elle devra pourtant quitter son poste quelques mois plus tard, chassée par la rumeur.

Le *Doppelgänger* – ou « sosie » – est un thème classique du folklore germanique. Il sera illustré par les frères Grimm et nombre d'auteurs romantiques, de Goethe à Shelley et Maupassant. Quant à l'affaire de Neuwelcke, elle n'est connue que par un témoignage unique, celui de l'une des pensionnaires, Julie von Güldenstubbe, alors âgée de treize ans. Sur le tard, elle se confiera à Robert Dale Owen, homme politique américain et partisan résolu du spiritualisme, qui en assurera la diffusion.

L'histoire sera reprise par le parapsychologue russe, dans son ouvrage *Animisme et Spiritisme,* publié en 1890. De son côté, Julie se livrera également à des recherches métapsychiques, de concert avec son frère Johann Ludwig, auteur en 1868 d'une *Pneumatologie positive et expérimentale.* C'est dire que ce récit mirifique ne doit peut-être pas être pris au pied de la lettre. Il reste que l'état civil de Dijon conserve bien l'acte de naissance d'une certaine Octavie Saget – et non Émilie Sagée –, en date du 3 janvier 1813.

47. Nice et la Savoie libres !

Ils ne sont pas situés outre-mer, ces trois départements français qui pourraient revendiquer leur indépendance.

Par le traité de Turin, signé le 24 mars 1860, le roi de Sardaigne Victor-Emmanuel II offrait la Savoie et « l'arrondissement de Nice » à son allié Napoléon III, pour le remercier de sa participation au Risorgimento. Quelques semaines plus tard, des plébiscites où les « oui » dépassaient les 99 % confirmaient la réunion de ces deux provinces. Un siècle et demi plus tard, qui douterait encore que les Alpes-Maritimes et les deux départements savoyards s'inscrivent dans l'Hexagone ?

Personne… sauf une poignée de « désannexionnistes » qui contestent la validité du traité de Turin. Sans s'arrêter sur les irrégularités des scrutins de 1860, ils pointent une anomalie diplomatique qui le rendrait caduc. Suspendu à la suite de l'armistice avec l'Italie fasciste, le 24 juin 1940, a-t-il réellement été réactivé à la fin de la Seconde Guerre mondiale ? Suivant l'article 44 du traité de Paris du 10 février 1947, les puissances alliées ou associées avaient obligation de notifier « dans un délai de six mois […] les traités bilatéraux qu'elles avaient conclus avec l'Italie antérieurement à la guerre et dont elles [désiraient] le maintien ou la remise en vigueur ».

Ceux-ci devaient ensuite être enregistrés auprès du secrétariat de l'ONU, faute de quoi ils seraient « tenus pour abrogés ». Or, si le chargé d'affaires Geoffroy de Courcel a bien communiqué une « note verbale » en ce sens aux autorités romaines, publiée ultérieurement au *Journal officiel*, les archives des Nations unies ne conservent nulle trace d'un quelconque enregistrement.

Cet oubli permettrait-il à la Savoie et à Nice d'entamer un « processus de décolonisation obligatoire », comme l'affirmaient naguère les indépendantistes de la Ligue savoisienne ou de « Païs Nissart » ? Argutie juridique ou menace pour l'unité nationale ? À la question écrite, déposée à ce sujet en novembre 2012 par le député UMP de la Loire Yves Nicolin, le ministre des Affaires étrangères Laurent Fabius précisera que l'absence d'enregistrement n'avait « aucune incidence sur la validité » du traité, et que d'ailleurs le secrétariat de l'ONU a pour « politique constante de ne pas enregistrer les traités historiques antérieurs à la mise en place de l'organisation ».

48. Les mystères de Pantin

En 1869, un certain Jean-Baptiste Troppmann massacre toute une famille. Mais cherchait-il seulement à s'enrichir ?

« Le crime que nous avons à vous raconter aujourd'hui dépasse toute mesure et met le comble à l'horreur. » En ce 22 septembre 1869, *le Petit Journal* tient l'affaire qui va asseoir son succès. Grâce à elle, le tirage du quotidien dépassera bientôt les cinq cent mille exemplaires ! Deux jours auparavant, dans un champ de la plaine de Pantin, non loin des Quatre-Chemins, le cultivateur Jean Langlois a découvert six cadavres hâtivement enterrés, atrocement mutilés. L'enquête établit bientôt leurs identités : Hortense Kinck, résidant à Roubaix, et cinq de ses enfants, âgés de deux à seize ans.

Dès le surlendemain, un suspect est arrêté au Havre, alors qu'il voulait s'embarquer pour l'Amérique. Ce Jean-Baptiste Troppmann, de dix-neuf ans, exerce la profession d'ouvrier mécanicien. Au mois de mai dernier, il a séjourné à Roubaix, où il sympathise avec Jean Kinck, patron d'une petite manufacture et comme lui originaire d'Alsace. Il semble que Troppmann propose bientôt à Kinck de s'associer à lui dans une affaire de fausse monnaie. Ensemble, ils vont se rendre dans le Haut-Rhin où Troppmann empoisonne son compagnon avec du vin additionné d'acide prussique. N'ayant trouvé sur sa victime aucune valeur négociable, le meurtrier regagne Paris pour y attirer le fils aîné, Gustave Kinck, dont on retrouvera le corps un peu plus tard. Puis le reste de la malheureuse famille, en espérant leur soutirer de l'argent. On connaît le sinistre épilogue.

Durant plus de trois mois, le « crime de Pantin » va tenir la France en haleine, et lui faire presque oublier les déboires du Second empire déclinant. Condamné à mort, Troppmann sera décapité le 19 janvier 1870, devant la prison de la Roquette. Jusqu'au bout, il affirmera avoir eu des complices, qu'il refusera toutefois de nommer. Car le dossier garde ses zones obscures : comment ce frêle individu a-t-il pu, tout seul, maîtriser et massacrer six personnes ? Le mirage d'une fortune facile était-il sa seule motivation ?

Dans ses *Mémoires*, le chef de la Sûreté, Antoine Claude, qui avait mené les investigations, évoquera un mystérieux réseau d'espionnage allemand : « Le crime de Troppmann, qui avait eu d'abord la cupidité pour mobile, se rattachait, par une affiliation mystérieuse, à des causes d'un ordre bien autrement important que celui provoqué par l'amour du gain. [...] La politique n'a pas été étrangère, c'est ma conviction, à ces assassinats. »

49. Pauvre homme éléphant

Popularisé par le film de David Lynch, Joseph Merrick, héros tragique du XIXe siècle, demeure insaisissable.

De prime abord, son apparence soulève un sentiment mêlé d'horreur et de pitié. Le crâne énorme et bosselé, le bras droit et les pieds disproportionnés, une peau « épaisse et grumeleuse », pendante, couverte de papillomes et d'excroissances verruqueuses. Joseph Carey Merrick – et non John comme on l'écrira par erreur – a vu le jour le 5 août 1862, dans une famille pauvre de Leicester. Ses premières déformations apparaissent dès l'âge de vingt et un mois, au niveau de la bouche, suivies de handicaps de plus en plus invalidants. Selon les croyances de l'époque, sa mère, enceinte, aurait eu peur d'être piétinée par un éléphant, lors de la parade d'un cirque.

Incapable de subvenir à ses besoins, rejeté par les siens, Joseph échoue, à dix-sept ans, dans un *workhouse*, un hospice pour indigents de sa ville natale. En 1884, il se laisse convaincre par un bonimenteur qui va l'exhiber comme un monstre de foire. C'est ainsi que *Elephant Man* – « l'Homme Éléphant » – est découvert par un chirurgien du *Royal London Hospital*, Frederick Treves, lequel étudie son cas et le présente à ses confrères de la Société de pathologie.

Grâce à l'humanité de ce médecin, le dernier chapitre de la courte existence de Joseph sera moins misérable. À cause de sa timidité et de ses difficultés d'élocution, le docteur Treves l'avait cru déficient mental. Mais, au-delà de son extérieur repoussant, il finit par découvrir un être sensible et intelligent, à la foi et au courage admirables. Une souscription dans le *Times* et le patronage de la reine Victoria permettent au malheureux d'être admis comme pensionnaire permanent à l'hôpital de Londres, où viennent le visiter des membres de la haute société et la princesse de Galles elle-même.

Le 11 avril 1890, Joseph est retrouvé mort, asphyxié dans son sommeil, sa tête trop lourde projetée vers l'arrière. Accident ou suicide ? L'autopsie ne permettra pas de trouver l'origine des maux dont il souffrait. Longtemps, les spécialistes ont avancé un diagnostic de neurofibromatose de type I, ou maladie de Recklinghausen, une affection génétique touchant le squelette et les autres tissus vivants. Aujourd'hui, on suspecte plus sûrement un syndrome de Protée – caractérisé par la prolifération d'hamartomes d'aspect tumoral –, ou une conjugaison des deux pathologies.

50. Le chaînon manqué

Avait-on trouvé, en Angleterre, la preuve de la filiation entre le singe et l'homme ? On l'a longtemps cru.

Le 18 décembre 1912, un fossile aux caractéristiques inédites est présenté aux membres éminents de la *Geological Society* : un crâne d'aspect humanoïde, mais dont la mandibule montre des attributs clairement simiens ! Ces ossements auraient été tirés d'une gravière près de Piltdown, au nord de Brighton, ainsi que des dents d'éléphant et d'hippopotame préhistoriques. Le mérite de la trouvaille revient à un avocat, géologue amateur, Charles Dawson, lequel s'est assuré le concours d'Arthur Smith Woodward, l'un des plus célèbres paléontologues du temps. Selon ce dernier, cet ancêtre aussi lointain que mystérieux aurait vécu au début du Pléistocène, cinq cent mille ans avant notre époque, durant l'interglaciaire cromérien.

La nouvelle connaît aussitôt un retentissement mondial. L'*eoanthropus dawsoni* – ou « homme de l'aube de Dawson » – rattacherait-il définitivement les hominiens à leurs cousins primates, comme le pressentait Darwin ? Serait-il la charnière reliant les grands singes aux Néandertaliens ? L'hypothèse est séduisante, mais il s'avère que « l'homme de Piltdown » pose davantage de problèmes qu'il n'en résout. En 1924, la découverte du premier australopithèque, en Afrique du Sud, confirme que la forme de la mâchoire s'est modifiée avant la capacité céphalique, au contraire du spécimen anglais. S'agirait-il de deux lignes évolutives indépendantes ?

Déjà le doute s'insinue dans l'esprit de certains savants. En 1953, trois anatomistes d'Oxford constatent que les pièces ont été vieillies artificiellement au bichromate de fer. Six ans plus tard, une datation au carbone 14 démontre que le crâne appartenait à un homme du Moyen Âge, et la mâchoire à un orang-outan qui vivait il y a seulement quelques siècles. Les dents en ont été limées pour imiter l'usure typique de la mastication humaine. Quant aux fossiles d'animaux, ils venaient de Malte et de Tunisie.

Le Musée d'histoire naturelle de Londres est obligé d'admettre avoir été « victime d'une tromperie élaborée et inexplicable ». Reste à désigner l'auteur de ce canular. Aujourd'hui, la culpabilité de Dawson ne fait plus guère de doute. Le cabinet de curiosités de ce « magicien du Sussex » regorgeait de faux en tous genres, du serpent de mer au crapaud momifié dans une géode de silex.

51. Demi-mondaine, agent double

Dans l'imaginaire collectif, elle reste l'espionne par excellence. Fusillée en 1917, Mata-Hari était-elle vraiment coupable ?

« Il faut que les traîtres, quel que soit leur sexe, sachent quelle peine les attend. » C'est la seule oraison funèbre que *Le Figaro* accorde à Mata-Hari le 16 octobre 1917. La veille, l'ancienne danseuse, convaincue « d'intelligence avec l'ennemi » a été fusillée au polygone de Vincennes. Ainsi s'achève dans le sang et la boue une existence tout entière vouée aux faux-semblants.

Née en 1876, aux Pays-Bas, Mata-Hari se nommait en réalité Margaretha Geertruida Zelle, et elle était fille d'un chapelier. Mariée à un officier de marine, elle séjourne quelque temps à Java, d'où elle rapporte le goût de l'exotisme. Après avoir divorcé, elle tente sa chance à Paris, pose pour des peintres, fait commerce de ses charmes. D'abord écuyère de cirque, elle se métamorphose bientôt en « bayadère sacrée ». Mettant à profit sa plastique irréprochable, elle laisse tomber ses voiles sous prétexte de présenter à un public complice de prétendues danses rituelles. Son teint cuivré lui permet de figurer une princesse hindoue, échappée d'un conte des *Mille et une nuits*. Personne n'est vraiment dupe, mais « Mata-Hari » – l'Astre du jour en malais – multiplie ainsi les conquêtes parmi les financiers et les politiciens de la Belle Époque.

Quand survient la guerre, la belle a déjà perdu ses attraits et dilapidé sa fortune. Elle trouve alors refuge à Amsterdam où le consul allemand Carl Krämer lui propose d'espionner pour son compte. La danseuse, devenue « l'agent H21 », se montrera incapable de recueillir la moindre information utile. D'autant plus qu'elle ne tarde pas à s'aboucher avec le capitaine Georges Ladoux, chef du contre-espionnage français. Mythomane, inconsistante, vénale et surtout préoccupée de ses amours passagères, Mata-Hari trahit tout le monde sans servir personne.

Elle sera finalement « lâchée » par les Allemands qui laissent transpirer assez d'informations pour que les Français découvrent son double jeu. La malheureuse est arrêtée le 13 février 1917 au Plaza Palace sur les Champs-Élysées. Au terme d'un procès à huis clos, bâclé en deux jours, la « Salomé sinistre » est condamnée à la peine capitale. Pourtant, l'avocat général André Mornet – le futur procureur du procès Pétain – avouera plus tard qu'« il n'y avait pas là de quoi fouetter un chat ».

52. Agatha Christie a disparu

Hercule Poirot étant absent, il faudra onze jours à la police de Sa Majesté pour retrouver la célèbre romancière.

Dans la soirée du vendredi 3 décembre 1926, Agatha Christie quitte sa résidence de Sunningdale, dans le Berkshire. Elle a embrassé sa fille Rosalind, âgée de sept ans, et laissé une lettre à sa secrétaire pour qu'elle annule ses rendez-vous. À trente-six ans, l'épouse du colonel Archibald Christie, un as de la Grande Guerre, a déjà publié une demi-douzaine de romans policiers. Sur le plan personnel, son couple bat de l'aile et son mari est sur le point de demander le divorce. Le lendemain matin, on retrouve sa voiture, une Morris Cowley, abandonnée près d'un fossé à la sortie de Guildford, dans le Surrey, les phares allumés.

Durant plus d'une semaine, la Grande-Bretagne va s'échiner à résoudre l'énigme. On drague l'étang de Silent Pool, non loin du lieu de la disparition. La police organise deux battues, avec plusieurs centaines d'hommes et quinze mille volontaires, dont une autre romancière, Dorothy L. Sayers. Une grande première : des aéroplanes survolent la zone, en quête d'indices. Les journaux publient des photomontages de l'écrivaine, dont on connaît le goût du déguisement.

Le *Daily Mirror* offre même une prime de cent livres pour tout renseignement utile. De son côté, Conan Doyle, le père de Sherlock Holmes, demande à un médium d'examiner un gant appartenant à sa consœur. Le verdict est qu'elle est vivante et va bientôt refaire surface.

Lorsque le beau-frère d'Agatha Christie reçoit une lettre signée de sa main, postée de Londres, le brouillard s'épaissit. Il va enfin se lever, le 14 décembre. Agatha Christie est alors reconnue au Swan Hydropathic Hotel d'Harrogate, une station balnéaire du Yorkshire du nord. Il apparaît qu'elle y séjourne depuis dix jours et qu'elle s'est inscrite en tant que « Teresa Neele »... le nom de famille de la maîtresse de son mari ! Celui-ci se précipite sur place, et Agatha semble ne pas le reconnaître.

Les psychiatres consultés hasarderont un diagnostic d'amnésie temporaire, parlant d'un épisode de « fugue dissociative » consécutif à une dépression nerveuse. La principale intéressée refusera toujours de s'en expliquer, que ce soit lors d'interviews ou dans son autobiographie. Aurait-elle voulu se venger des infidélités du colonel Christie, ou bien orchestrer un habile coup de publicité, tout en se moquant de l'incompétence des enquêteurs officiels ?

53. Une victime de Staline

Chef des Russes blancs, Aleksander Pavlovitch Koutiépov a été enlevé en plein Paris. Sans laisser de traces.

En ce 26 janvier 1930, vers 10h30, le général Koutiépov quitte à pied son appartement du 26 rue Rousselet, pour assister à un office religieux. Un témoin racontera l'avoir vu entraîné par deux hommes dans une limousine grise, à l'angle de la rue Oudinot.

Ancien colonel du régiment Préobrajensky, gouverneur militaire de la Mer noire contre l'Armée rouge en 1918, Koutiépov incarne la plus farouche résistance au bolchevisme. À quarante-sept ans, il dirige l'Union générale des combattants russes, soixante mille membres à travers le monde, monarchistes ou républicains, mais tous anticommunistes. Aussi l'enquête s'oriente-t-elle rapidement vers l'enlèvement politique et nul ne doute – hormis Cachin et Doriot, les ténors du PCF – qu'il s'agit d'un coup des services secrets de Staline.

Le préfet de police Jean Chiappe diligente une enquête « sous l'inculpation de violence et de séquestration arbitraire ». Les immigrés russes offrent une prime de cinq cent mille francs pour retrouver leur général, sans succès. À Paris, l'émotion populaire est si vive que des groupes d'extrême droite menacent de prendre d'assaut l'ambassade soviétique. Il semble néanmoins que le gouvernement français, soucieux de ne pas créer d'incident diplomatique, freine les recherches. Fausses pistes et faux témoins abondent. On aurait vu Koutiépov, reconnaissable à sa moustache et à sa barbe noire, dans le Gâtinais ou en Normandie. À la veille de la Seconde Guerre mondiale, le dossier est classé. Deux années auparavant, en 1937, le successeur de Koutiépov, Ievguéni Miller, a été capturé dans des conditions similaires, jugé puis exécuté à Moscou.

Selon certaines sources, Koutiépov, enfermé dans une caisse, aurait été embarqué sur un cargo, au large de l'estuaire de la Seine. D'autres évoquent un navire ancré à Marseille, en partance pour la Mer noire. Il semble en tout cas attesté que le général n'est pas arrivé vivant à destination. Drogué à la morphine, il aurait succombé en route à une crise cardiaque. En 1966, la *Krasnaa Zvievzda,* organe officiel de l'Armée rouge, reconnaîtra finalement que le rapt est bien l'œuvre d'agents du Guépéou. Mais à ce jour, les nouvelles autorités du Kremlin n'ont toujours pas fourni de plus amples explications sur les circonstances de son élimination.

54. Darlan, complot royaliste

L'assassinat de l'amiral Darlan, à Alger, la veille de Noël 1942, a-t-il été organisé par le comte de Paris ?

Ancien vice-président du conseil du maréchal Pétain, François Darlan se trouve à Alger en novembre 1942, lors du débarquement des Alliés auxquels il se rallie, avec le titre de « haut-commissaire ». Le 24 décembre, dans un climat de grande confusion, il est abattu par Fernand Bonnier de La Chapelle, un étudiant affilié à un groupe de résistance gaulliste. Certains historiens suspecteront les services secrets britanniques. D'autres y verront un complot visant à restaurer la monarchie, en la personne de Henri d'Orléans, comte de Paris. Car si le prétendant réside habituellement au Maroc, il est depuis le 10 décembre à Alger.

Deux membres du « groupe des Cinq » qui a préparé le débarquement, Jean Rigault et Henri d'Astier de La Vigerie, sont royalistes. Le plan du prince était de se saisir du pouvoir par la voie légale, en utilisant la loi Tréveneuc de 1872, donnant pleine autorité aux conseils généraux en cas d'occupation du territoire. Le 17 décembre, le comte de Paris rencontre le général François d'Astier – frère de Henri – mandaté par de Gaulle. Les Américains réagissent en opposant leur veto formel. Le 22 décembre, le prétendant se retire à Sidi Ferruch. Pour lui, l'affaire est terminée quand il apprend l'assassinat de Darlan. Il apparaît que Bonnier de La Chapelle a agi à l'instigation d'un étrange personnage, l'abbé Pierre-Marie Cordier, prêtre combattant et monarchiste notoire, qui lui a même accordé l'absolution pour le crime qu'il allait commettre !

« Je ne l'avais jamais vu, expliquera le comte de Paris. On lui avait dit qu'il devait assassiner Darlan pour me faciliter la tâche. On lui a promis monts et merveilles, le pauvre garçon… » Henri d'Orléans niera toujours avoir commandité l'assassinat. Il est plus probable qu'il a fermé les yeux, et que Cordier a cru favoriser sa cause en précipitant les événements. Le 25 décembre, le prince essaie encore de se faire désigner par le Conseil d'Empire, mais le consul général des États-Unis, Robert Murphy, maintient son opposition.

Le général Henri Giraud est alors nommé pour succéder à Darlan. Il fait fusiller Bonnier et, quoique monarchiste de conviction, il intime au comte de Paris l'ordre d'avoir à quitter aussitôt le territoire national.

55. La Chambre d'Ambre

Qu'est devenu ce trésor incomparable de la Russie impériale, volé par les Allemands durant la Seconde Guerre mondiale ?

Au crépuscule, le soleil rouge embrase le cabinet d'Ambre du palais Catherine, à Tsarskoïe Selo, de mille flamboiements de miel, de cinabre, d'or et de pourpre. Durant près de trente ans, de 1976 à 2003, une armée d'artisans et d'artistes a ressuscité cette « huitième merveille du monde », disparue au cours de la débâcle nazie. Au début du XVIIIe siècle, le roi de Prusse Frédéric Ier avait commandé une série de panneaux de marqueterie d'ambre pour son palais baroque de Charlottenbourg, à Berlin. Son fils Frédéric-Guillaume les offrira au tsar Pierre le Grand, avant qu'Élisabeth Ire, impératrice de Russie, n'en fasse le joyau de sa nouvelle résidence d'été, bâtie en 1752 par l'Italien Bartolomeo Rastrelli, à vingt-cinq verstes de Saint-Pétersbourg.

Pendant presque deux siècles, cette chambre d'Ambre suscitera l'admiration de l'Europe. En 1941, Hitler envahit l'Union soviétique. Les merveilles de Tsarskoïe Selo, mobilier et peintures, sont mises à l'abri, mais le temps manque pour démonter les panneaux, d'ailleurs jugés intransportables. Au mois d'octobre, les Allemands campent aux portes de Leningrad – l'actuelle

Saint-Pétersbourg. Une unité spéciale de la Wehrmacht s'empare de la décoration du cabinet d'Ambre, qui est transférée au château de Königsberg – aujourd'hui Kaliningrad –, en Prusse Orientale. Trois ans plus tard, le vent de l'Histoire a tourné. L'Armée rouge menace à son tour l'Allemagne. Le cabinet d'Ambre disparaît alors mystérieusement.

A-t-il brûlé dans un incendie ou lors d'une attaque aérienne ? Selon d'autres sources, les pièces, redémontées, auraient été évacuées vers un bunker en Mazurie ou en Rhénanie. Depuis lors, plus de cent trente sites ont été fouillés, jusqu'au tréfonds d'une mine de sel, près d'Uslar, en Basse-Saxe. Les panneaux d'origine demeurent introuvables. S'ils n'ont pas été détruits dans un bombardement, peut-être ont-ils été dispersés, ou dorment-ils dans le coffre d'un collectionneur clandestin.

Heureusement, en utilisant des clichés d'avant-guerre, ébénistes et graveurs ont relevé le défi de restituer ce chef-d'œuvre à l'identique. Un quart de siècle d'efforts et pas moins de trois tonnes d'ambre – une précieuse résine de conifères fossilisée provenant de la Baltique – ont été nécessaires pour y parvenir.

56. La souricière de Caluire

Ancien préfet de Chartres, rallié à la France libre, Jean Moulin tombe entre les mains des Allemands.

Lundi 21 juin 1943, huit hommes se sont donné rendez-vous dans la maison du docteur Frédéric Dugoujon, à Caluire, près de Lyon. Huit responsables de la Résistance en zone sud, réunis pour désigner un successeur au général Charles Delestraint, chef de l'Armée secrète, récemment capturé. Vers 15 heures, le chef régional de la Gestapo, Klaus Barbie, débarque à la tête d'un commando. Toutes les personnes présentes sont raflées, à l'exception de René Hardy, responsable du sabotage SNCF, qui parvient à prendre la fuite. Parmi elles, se trouve Jean Moulin – alias Rex –, représentant direct du général de Gaulle. Atrocement torturé, il gardera pourtant le silence. Il s'éteindra près de Metz, dans la nuit du 8 juillet, au cours de son transfert à Berlin.

Dès lors va se poser une double question, toujours sans réponse : Jean Moulin a-t-il été dénoncé, et par qui ? Très vite, les soupçons se portent sur Hardy qui, étrangement, est passé à travers les mailles du filet. Inculpé le 12 décembre 1946 pour intelligence avec l'ennemi, celui-ci sera acquitté grâce à l'habileté de son avocat, Me Maurice Garçon. Par la suite, on découvrira deux rapports indiquant que Hardy avait été arrêté par Barbie peu de temps auparavant, et sans doute retourné au profit des nazis. Malgré ces preuves accablantes, il sera blanchi une seconde fois par le tribunal militaire de Paris, en mai 1950, bénéficiant de justesse d'une « minorité de faveur ». Jusqu'à sa mort, en 1987, Hardy protestera de son innocence.

Il semble toutefois qu'il ait au moins fait preuve d'une coupable imprudence, en confiant certains secrets à sa maîtresse Lydie Bastien, qui aurait également été celle du SS Harry Stengritt, proche collaborateur de Barbie. Enfin, lors du procès de ce dernier, Me Jacques Vergès laissera entendre que Moulin aurait pu être trahi par les communistes, voire les gaullistes. À juste titre, Henri Frenay, fondateur du mouvement Combat, qualifiera cette tragédie d'« épisode le plus douloureux de la Résistance ».

Quoi qu'il en soit, la geste de Jean Moulin – « pauvre roi supplicié des ombres » selon la forte expression d'André Malraux – reste l'une des pages les plus inaltérables de notre épopée nationale.

57. L'expérience interdite

Occultation, téléportation, voyage temporel... Que s'est-il réellement passé à Philadelphie en 1943 ?

Complotistes et conspirationnistes la connaissent sous le nom de code de « Project Rainbow », « Projet Arc-en-Ciel ». Aux alentours du 23 octobre 1943, au plus fort de la Seconde Guerre mondiale, la marine des États-Unis aurait procédé à une mystérieuse expérimentation, aux chantiers navals de Philadelphie. Durant quelques minutes, le destroyer d'escorte *USS Eldrige* aurait disparu aux regards, avant de se rematérialiser. De nombreux livres, des documentaires et plusieurs films de fiction ont été consacrés à cette rumeur.

Pourtant, à son origine, il n'y a qu'un seul homme, un certain Carl Meredith Allen, alias Carlos Miguel Allende. En 1955, celui-ci adresse une série de lettres à Morris Ketchum Jessup, un astronome amateur, auteur d'un ouvrage sur les ovnis. Allen prétend avoir observé ce phénomène alors qu'il servait à bord d'un cargo, le *SS Andrew Furuseth.* Il s'avérera que ce « témoin » souffrait de troubles psychiatriques. Néanmoins ses affabulations, formulées dans un style incohérent, seront reprises et développées par les adeptes du paranormal.

En 1979, Charles Berlitz – un spécialiste du Triangle des Bermudes et de l'Atlantide – résume le dossier dans *The Philadelphia Experiment Project Invisibility,* cosigné par William Moore. Basée sur les théories du champ unifié d'Einstein, cette prétendue expérience aurait abouti à un semi-échec. Le navire, évanoui dans un brouillard verdâtre, serait réapparu quelques instants dans le port de Norfolk, en Virginie, à deux cents milles de distance. Au retour, la moitié de l'équipage aurait perdu la raison, d'autres hommes auraient été retrouvés morts, affreusement brûlés, incrustés dans les cloisons et la coque. Après quoi les autorités auraient tenté d'étouffer l'affaire.

Dix ans plus tard, un dénommé Alfred Bielek ira jusqu'à prétendre être l'un des rescapés de la tragédie. Il aurait ensuite emprunté un tunnel interdimensionnel, avant de séjourner deux années… au XXVIIIe siècle ! En fin de compte, cette légende fantasmagorique ne résiste pas à une banale vérification. L'*USS Eldrige* n'a jamais relâché à Philadelphie. À l'automne de 1943, il croisait dans les parages des Bermudes. Quant aux recherches sur l'« invisibilité », il s'agissait seulement de rendre les vaisseaux indétectables par les mines et les torpilles magnétiques.

58. Les dents du Führer

Du plus implacable tyran de l'Histoire, il ne resterait qu'un morceau de mâchoire, conservé à Moscou.

Le 30 avril 1945, vers 15h30, alors que l'Armée rouge encercle son bunker, à Berlin, Adolf Hitler se suicide avec Eva Braun, qu'il vient d'épouser. Les deux cadavres, partiellement carbonisés, seront retrouvés cinq jours plus tard par les services secrets soviétiques. Malgré cela, Staline préférera entretenir le doute, ouvrant ainsi la porte aux plus folles rumeurs. Jusqu'à ce jour, complotistes et néonazis continuent d'échafauder des théories d'évasion, vers l'Espagne, l'Argentine ou l'Antarctique… voire la face cachée de la Lune !

Pourtant, dès 1968, le journaliste russe Lev Bezymenski était autorisé à publier les détails du dossier dans *La mort d'Adolf Hitler, documents inconnus des archives soviétiques*. Le livre contenait divers témoignages, mais surtout les rapports d'autopsie, avec les photographies des fragments de mâchoire attribués au dictateur. Celui-ci possédait une denture déplorable, d'où une haleine épouvantable. Aussi portait-il plombages, bridges et couronnes, formellement décrits et reconnus par l'assistante du dentiste, Käthe Heuserman, et par le prothésiste Fritz Echtmann. De leur côté, les Américains avaient interrogé le dentiste lui-même, Hugo Blaschke, en février 1946. Ses souvenirs, ainsi que des radiographies du crâne d'Hitler réalisées peu avant sa mort, corroboraient en tout point le récit de ses collaborateurs.

Dès 1973, un chercheur d'Oslo, Ferdinand Stroem, et l'ancien doyen de l'école dentaire de Boston, Reidar Sognnaes, publieront un article définitif en ce sens dans la revue savante *Acta Odontologica Scandinavica.* Il sera développé en France par Xavier Riaud, spécialiste de l'histoire de l'art dentaire et de la stomatologie. L'identification des restes dentaires du maître du IIIe Reich, ne date donc pas d'hier.

Ces macabres rogatons se trouvent remisés dans une vieille boîte à cigarettes, au siège du FSB – le Service fédéral de sécurité russe, héritier du redoutable KGB. Hormis un morceau de calotte crânienne conservé aux Archives d'État de Moscou, et très controversé, ils constituent les ultimes « reliques » d'un des plus grands monstres de tous les temps, puisque les débris de son corps ont été incinérés en 1970, et leurs cendres jetées à l'égout.

59. Transe chirurgicale

En état de médiumnité, le Brésilien Zé Arigó diagnostiquait les maladies, opérait, prescrivait des remèdes.

Un vieux canif en main, l'homme approche de son « patient ». Durant quelques instants, il semble fourrager les chairs avec frénésie, en retirer quelques lambeaux sanguinolents. Puis, à l'aide d'un coton sale, il essuie la « plaie », sans laisser aucune trace de « l'opération ». Ce genre de pratiques, popularisé par les fameux « guérisseurs » philippins, a pris naissance au Brésil, il y a une soixantaine d'années.

À l'époque, un mineur de Congonhas, dans l'État du Minas Gerais, José Pedro de Freitas – alias « Zé Arigó » – souffre de violents maux de tête et d'hallucinations. Au cours d'une de ses visions, lui apparaît un personnage chauve et barbu, en blouse blanche, entouré de médecins et d'infirmières. Il s'agit, comprendra-t-il, d'un certain « docteur Adolf Fritz », un chirurgien allemand qui serait mort en Estonie, à la fin de la Première Guerre mondiale. Cette âme désincarnée l'a choisi « pour accomplir son travail ».

L'aventure peut surprendre, mais elle n'a rien d'extraordinaire au Brésil, où les théories spirites d'Allan Kardec comptent, aujourd'hui encore, plus de vingt millions d'adeptes. Zé Arigó devient célèbre quand se répand la rumeur selon laquelle il aurait soigné un candidat au sénat, Carlos Bittencourt, d'un cancer au poumon ! Pendant les deux décennies suivantes, les désespérés par milliers vont se précipiter vers la « clinique » qu'il a ouverte dans sa ville natale. « Possédé » par le « docteur Fritz », il adopte un fort accent tudesque. En transe, il extrait des kystes avec un rasoir émoussé, ausculte les globes oculaires au moyen d'un manche de cuiller. Après quoi il rédige des ordonnances illisibles que l'un de ses frères, pharmacien, est seul capable de déchiffrer.

Son immense popularité et ses appuis politiques n'empêcheront pas Zé Arigó d'être condamné à deux reprises pour exercice illégal de la médecine. Il se tuera en 1971, dans un accident de la route dont il avait eu, dit-on, le pressentiment. Si les défenseurs de la parapsychologie continuent de s'extasier devant ses dons hypothétiques, les sceptiques – avec davantage de raison – répondent charlatanisme et prestidigitation. Quant au « docteur Fritz », il poursuivra son « œuvre » en s'incarnant, jusqu'à aujourd'hui, dans le corps d'autres « thérapeutes ».

60. La statue qui saigne

Le « miracle d'Entrevaux » a tenu en haleine la France de l'après-guerre, opposant incrédules et croyants.

Lové dans une boucle du Var, à l'abri de ses remparts moyenâgeux, Entrevaux est l'un des villages les plus pittoresques de l'arrière-pays niçois. En 1953, le lendemain de Noël, Jean Salvadé dispute une partie de poker avec quelques habitués de son café-hôtel. Il a posé près de lui – peut-être pour lui porter chance – une statuette en noyer polychrome de sainte Anne, achetée aux enchères quelques semaines auparavant. Soudain, furieux d'avoir perdu, il la bouscule et l'index droit de la sculpture se brise. Le matin suivant, il constate que du sang s'est écoulé de la « blessure »... C'est du moins ce qu'il affirmera à la presse locale. Le soir même, un halo de lumière bleue nimbe l'établissement où a eu lieu le prodige, suivi d'une averse inopinée.

Très vite, ces événements insolites sont repris dans les médias nationaux, et le cafetier, quoique lui-même agnostique, saisit tout le profit qu'il pourrait en tirer. Car les curieux ne tardent pas à affluer afin de vénérer la « Vierge miraculeuse » ! Placée dans un coffret grillagé et scellé par huissier, celle-ci a cessé de saigner, mais les pèlerins n'en achètent pas moins cierges, médailles, cartes postales et autres « reliques ». En décembre 1954, Jean Salvadé monte à Paris où la statue sera exposée durant un an, au 34 rue Taitbout.

On parle même d'une grande tournée européenne, et jusqu'à Caracas, dont sainte Anne est la patronne. De retour en Provence, Salvadé s'associe avec un certain Marcel di Leonardi, artiste et antiquaire de réputation douteuse. En 1957, les deux compères réalisent même un documentaire édifiant, intitulé *Sainte Anne et le mystère d'Entrevaux*. Cependant, la méfiance des autorités religieuses empêche toute reconnaissance officielle.

Di Leonardi est finalement arrêté pour détournement d'œuvres d'art, tandis que Salvadé crache le morceau dans les colonnes de l'hebdomadaire *France-Dimanche*, en février 1961. C'est lui qui a imaginé le canular, auquel « tout le monde a cru, à part l'Église ». Le sang était le sien, le voile bleu un feu de Bengale, la pluie sortait d'un tuyau d'arrosage placé sur le toit. Même s'il reviendra plus tard sur ses aveux, Jean Salvadé sera condamné à treize mois de prison en septembre 1962, pour « exploitation de la crédulité publique ».

61. Tragédie dans l'Oural

En 1959, Igor Dyatlov périssait avec ses camarades, aux abords d'un col qui porte désormais son nom. Mystérieusement…

Leur objectif était de rallier le Gora Otorten, qui culmine à mille deux cent trente-quatre mètres, aux confins de la république autonome des Komis. Huit hommes et deux femmes, pour la plupart âgés de moins de vingt-cinq ans, étudiants ou diplômés de l'Institut polytechnique de Sverdlovsk – aujourd'hui Ekaterinbourg – dans l'Oural. Randonneurs et skieurs chevronnés, ils savent les risques de s'attaquer, en plein hiver, à cette route de « catégorie III », l'une des plus périlleuses de la région. Le lendemain de leur départ du village de Vizhay, le 27 janvier 1959, l'un d'entre eux, malade, doit abandonner. Ils ne sont donc plus que neuf à planter leur tente, en plein blizzard, sur les flancs du Kholat Syakhl – la « Montagne morte » dans la langue des autochtones mansis – au soir du 1er février.

L'aventure s'arrête là. On retrouvera leurs corps quelques semaines plus tard. Il semble qu'ils aient quitté leur campement en pleine nuit, pour une raison inconnue, après avoir découpé la toile de leur abri. Deux cadavres déchaussés et presque nus, sont découverts à près de deux kilomètres, sous un grand pin, à la lisière d'une forêt. Trois autres ont trouvé la mort en tentant de rebrousser chemin. Il faudra attendre le dégel pour que l'on repère les quatre dernières victimes, gisant au fond d'un ravin.

Si tous ont succombé aux effets de l'hypothermie, certains présentent des blessures internes assez inexplicables, apparemment causées par une « force irrésistible inconnue ». Dès lors, les spéculations les plus folles vont se développer, favorisées par la culture du secret, propre à l'Union soviétique. Les malheureux auraient-ils violé sans le savoir un site sacré aux yeux des populations locales ? Auraient-ils été tués par des prisonniers évadés d'un goulag voisin ou par des braconniers ? Les aurait-on éliminés pour avoir surpris l'expérimentation d'une arme secrète ? L'un d'entre eux, Aleksander Zolotarev, était-il un agent du KGB ?

Certains témoins affirmeront avoir aperçu des sphères orange survolant les environs. On prétendra que les dépouilles avaient une étrange couleur brune et que leurs vêtements étaient radioactifs. La chute du communisme, après 1990, ne permettra pas d'élucider l'affaire. Car une partie du mystère réside sans doute dans les erreurs de l'enquête et l'imprécision des constatations médico-légales. Néanmoins, les investigations ultérieures privilégieront des causes naturelles. Aujourd'hui, les lieux du drame sont devenus une attraction touristique.

62. Le pirate de l'air fantôme

Comment détourner un avion sans se faire capturer à l'atterrissage ? En s'éclipsant en plein vol, bien entendu !

Le 24 novembre 1971, à 16h35, le vol 305 décolle de l'aéroport de Portland, dans l'Oregon, à destination de Seattle. Quelques minutes plus tard, un homme d'une quarantaine d'années, costume impeccable et imperméable noir, caché derrière des lunettes de soleil, remet à l'hôtesse Florence Schaffner un message ainsi libellé : « J'ai une bombe dans ma mallette. Je m'en servirai si nécessaire. » L'individu, enregistré sous le nom de Dan Cooper, exige deux cent mille dollars. Cette somme, en petites coupures, doit être placée dans un sac à dos, qu'il récupérera à l'arrivée, ainsi que quatre parachutes.

Comme les autorités cèdent à ses exigences, le pirate libère les passagers à Seattle. Après quoi il repart avec le même avion, ne gardant que trois otages – le pilote, le copilote et une hôtesse – qu'il enferme dans le cockpit. C'est sans doute vers 20h13, que l'inconnu saute au-dessus de l'État de Washington, dans le secteur du lac Merwin, en empruntant l'*« air stair »,* l'escalier escamotable sous la queue, spécifique aux Boeing 727. À cause de l'obscurité, les deux chasseurs de l'US Air Force qui pistent l'appareil ne remarquent rien. Quand celui-ci se pose finalement à Reno, on ne retrouve dans la cabine, qu'une cravate et un tas de mégots de cigarettes.

Voilà, brièvement résumé, le détournement le plus mystérieux de toute l'histoire aérienne. Les recherches, menées durant trois semaines dans une vaste zone boisée, resteront infructueuses. Le téméraire a-t-il d'ailleurs survécu à un tel saut ? Le 13 février 1980, plus de huit ans après l'affaire, on retrouvera une partie de la rançon sur les rives du fleuve Columbia. Quatorze cents suspects seront interrogés, puis disculpés, faute de preuves.

Le pseudonyme de « Dan Cooper » – le nom d'un héros de bande dessinée francophone – laisse supposer que le criminel pourrait être canadien. Était-ce Richard McCoy Jr., qui utilisera le même scénario l'année suivante ? Ou Duane Weber, qui aurait avoué son forfait à sa femme, peut avant de mourir ? Depuis le 12 juillet 2016, le FBI a officiellement classé le dossier « Norjak ». Ne reste de ce cas insoluble qu'un dispositif de blocage de l'escalier arrière, installé désormais sur les Boeing 727, et qu'on baptisera *« Cooper Vane »*.

68. Où est Jimmy Hoffa ?

Le 30 juillet 1975, un célèbre syndicaliste américain disparaît sur un parking. On ne retrouvera jamais son corps.

À son apogée, dans les années 1960, le puissant syndicat des chauffeurs routiers – *International Brotherhood of Teamsters* – IBT – compte deux millions trois cent mille adhérents. À sa tête, Jimmy Hoffa règne en maître incontesté. Issu d'un milieu populaire, il a grandi à Détroit. Très jeune, il travaille et s'initie à l'action syndicale. En 1946, à trente-trois ans, et sans avoir jamais conduit un camion, il prend en main la section locale des « Teamsters ». Vice-président fédéral dès 1952, il enlèvera la présidence cinq ans plus tard. Militant pugnace, il négocie le premier accord national sur les tarifs du fret en 1964.

Cependant, cette réussite éclatante a un revers. Depuis longtemps, les syndicats américains sont gangrenés par leurs relations interlopes avec le crime organisé. Ainsi, les caisses de retraite de l'IBT participent au blanchiment d'argent sale, et procèdent à des investissements illégaux, via les casinos de Las Vegas. Après avoir longtemps défié la justice, Jimmy Hoffa est finalement condamné à treize ans de prison, en mars 1967, pour corruption, fraude et tentative de manipulation du jury. Le président Richard Nixon le graciera en décembre 1971, à la condition qu'il se retire de la vie publique.

Hoffa cherchait à revenir sur le devant de la scène, lorsqu'il se volatilise mystérieusement, le 30 juillet 1975. Il semble qu'il devait déjeuner avec deux mafiosi notoires, Anthony Giacalone et Anthony Provenzano, au Machus Red Fox, un restaurant de Bloomsfield Township, dans la banlieue de Detroit. À 14 h 15, Hoffa téléphone à sa femme, furieux, car personne n'était au rendez-vous. Il ne donnera plus aucune nouvelle. Le lendemain matin, on retrouvera sa voiture – une luxueuse Pontiac Grand Ville – garée sur le parking de l'établissement.

Plusieurs années d'enquêtes n'apporteront aucun résultat tangible. Hoffa a sans doute été liquidé par la mafia… Un tueur à gages, Richard Kuklinski, prétendra que son corps aurait été enfermé dans le coffre d'une Toyota, passée ensuite dans un broyeur industriel. Un autre homme de main, Frank Sheeran, confessera l'avoir abattu de deux balles dans la tête. Ses restes auraient ensuite été incinérés, à moins qu'ils n'aient été coulés dans un pilier de béton, au siège social de General Motors, alors en construction.

64. Jean-Paul Ier assassiné?

Un mois et deux jours après son élection au pontificat, Albino Luciani disparaissait subitement.

« Ce matin, 29 septembre 1978, vers 5 h 30, le secrétaire privé du pape, étonné de n'avoir pas rencontré comme d'habitude le saint-père dans la chapelle de ses appartements privés, alla le chercher dans sa chambre et le trouva mort sur son lit, une lampe allumée à son côté, comme s'il avait voulu continuer à lire. Le docteur Renato Buzzonetti, appelé aussitôt, ne put que constater le décès, qui avait dû se produire la veille au soir vers 23 heures, à la suite d'un infarctus aigu du myocarde. » C'est en ces termes que l'*Osservatore Romano* annonce le rappel à Dieu de Jean-Paul Ier, survenu après seulement trente-trois jours de pontificat. Élu le 26 août 1978 pour succéder à Paul VI, Albino Luciani, patriarche de Venise, restera comme le « pape du sourire », d'une simplicité bienveillante.

Cette disparition inopinée, entourée de certaines obscurités, suscite aussitôt des rumeurs. À soixante-cinq ans, Jean-Paul Ier semblait en bonne santé. Et pourquoi la Curie a-t-elle refusé de procéder à une autopsie ? Dès lors, les théories du complot vont fleurir.

Pour les uns, le souverain pontife s'apprêtait à remettre de l'ordre dans l'administration du Saint-Siège. Il aurait alors été victime de réseaux mafieux gravitant autour de la Banque du Vatican et de son trouble directeur, Mgr Paul Marcinkus, qui sera d'ailleurs bientôt compromis dans le scandale du Banco Ambrosiono. Son empoisonnement aurait été décidé, de connivence avec le secrétaire d'État, le cardinal Jean-Marie Villot. Certains incriminent un « complot maçonnique » qui impliquerait la fameuse « Loge P2 » de Licio Gelli, dont les ramifications s'étendaient dans les hautes sphères italiennes. Selon la théorie la plus extravagante, Jean-Paul Ier aurait été éliminé après s'être aperçu que son prédécesseur, toujours vivant, était prisonnier dans les caves de Saint-Pierre !

On sait aujourd'hui que le corps sans vie du pape n'a pas été découvert par son secrétaire, mais par sa gouvernante, sœur Vincenza Taffarel. Ce fait anodin avait été dissimulé par souci des convenances. En outre, il souffrait de graves problèmes cardio-vasculaires – il avait fait plusieurs embolies. Écrasé par l'ampleur de sa tâche, le stress lui aura été fatal. « Une grande tempête est sur moi », avait-il soupiré à la fin du conclave.

65. Le cheval de l'Aga Khan

Enlevé par des indépendantistes irlandais, le pur-sang le plus rapide de tous les temps a disparu sans laisser de traces.

En cette soirée du 8 février 1983, un froid brouillard d'hiver enveloppe le haras de Ballymany, non loin de l'hippodrome de Curragh, en Irlande. Soudain, plusieurs individus encagoulés font irruption chez le palefrenier James Fitzgerald avant de le contraindre à embarquer l'un de ses pensionnaires dans une remorque. La victime de cet enlèvement inédit n'est pas un animal ordinaire. « Le kidnapping d'un cheval en or massif », titre *Libération* dans son édition du lendemain.

Âgé de près de cinq ans, Shergar, fils de Great Nephew et de Sharmeen, reste l'un des cracks les plus extraordinaires de l'histoire hippique. En 1978, il voit le jour dans les écuries de Karim Aga Khan IV, chef spirituel des ismaéliens et propriétaire de pur-sang légendaires. Entraîné par sir Michael Stoute, Shergar ne tarde pas à briller sur les champs de courses. Il atteint le zénith de son foudroyant palmarès le 3 juin 1981, en remportant le deux cent deuxième Derby d'Epsom, avec dix longueurs d'avance, un exploit jamais égalé.

À la suite de cette performance, l'Aga Khan décide de « syndiquer » son cheval. Il le « partage » en quarante parts d'une valeur unitaire de deux cent cinquante mille livres sterling – soit un total équivalent à dix-huit millions d'euros –, n'en gardant que six pour lui-même. Dès le mois d'octobre 1981, Shergar prend sa « retraite » à Ballymany, afin d'entamer une seconde carrière de reproducteur. Ainsi, au cours de l'année suivante, il engendrera trente-cinq poulains et pouliches, chaque saillie facturée entre cinquante et quatre-vingt mille livres.

Les ravisseurs de ce précieux étalon espéraient en tirer une forte rançon. Cependant, les négociations vont tourner court. L'Aga Khan ne détient plus qu'une fraction minoritaire du cheval, et les autres actionnaires refusent de céder au chantage. Aujourd'hui encore, on ignore ce qu'il est advenu du malheureux Shergar. S'il est certain que le commando appartenait à l'IRA provisoire, l'organisation terroriste n'a jamais revendiqué officiellement l'opération. Il semble que le pur-sang, devenu rapidement incontrôlable, ait été abattu, sans doute à la mitraillette. Sa carcasse aurait été enterrée quelque part aux environs de Ballinamore, dans le comté de Leitrim, l'un des bastions indépendantistes, près de la frontière de l'Ulster.

66. Mort d'une légende

Dernier des grands globe-trotters, Philippe de Dieuleveult a tiré sa révérence sans laisser d'adresse, le 6 août 1985.

« Notre ami Philippe de Dieuleveult a disparu au Zaïre avec six autres personnes. » Sur Antenne 2 Midi, en ce 10 août 1985, Paul Amar, annonce aux téléspectateurs la triste nouvelle. L'animateur de *la Chasse aux trésors,* l'une des émissions les plus populaires de l'époque, n'a plus donné signe de vie depuis quatre-vingt-seize heures, alors qu'il s'apprêtait à descendre en rafting les rapides du fleuve Congo, près des barrages hydroélectriques d'Inga.

Né en 1951 au sein d'une vieille famille bretonne, Philippe est le cadet de sept frères. Casse-cou, passionné d'aventures, il a épousé une descendante de Surcouf, et il sillonne le globe, caméra au poing. Fidèle à sa devise : « La vie, c'est l'action », il se lance durant l'été de 1985 dans une descente du Congo – alors rebaptisé Zaïre –, avec une dizaine de coéquipiers, à bord de deux prototypes de radeaux pneumatiques. L'affaire se corse en amont de Matadi, où le fleuve est barré de chutes réputées infranchissables. Deux partenaires de Dieuleveult déclarent forfait, mais lui-même et le reste du groupe décident de relever le défi. Le mardi 6 août, la radio de l'expédition cesse d'émettre.

Malgré des recherches frénétiques, qui tiennent le public en haleine durant plusieurs semaines, on repêchera le corps d'une seule des sept victimes, Guy Colette, le 19 août, à Boma, à plus de trois cent cinquante kilomètres de là. La thèse de l'accident semble confirmée par le témoignage d'employés des barrages d'Inga qui auraient vu les canots se retourner, happés par les courants. Pourtant, on retrouvera l'un d'entre eux intact, échoué dans une crique, des vivres et une partie de l'équipement rangés sous un rocher.

Le mystère est relancé en 1997, avec les assertions du livre d'Okito Bene Bene, *J'ai vu mourir Philippe de Dieuleveult*. Le reporter aurait été arrêté par les autorités zaïroises, torturé puis exécuté avec quatre de ses compagnons dans la nuit du 9 août. Cette piste de l'assassinat politique sera corroborée en 2008 par la journaliste Anna Miquel, dans la revue *XXI*. Celle-ci affirme tenir ses preuves d'un ancien officier de la Division spéciale du maréchal président Mobutu Sese Seko. La frontière de l'Angola, alors déchiré par une guerre civile, était toute proche. Dieuleveult, qui travaillait à l'occasion pour la DGSE, aurait été pris pour un espion.

67. Les charniers de l'illusion

Il y a trois décennies, les Roumains se libéraient du communisme. Au prix d'une étrange manipulation.

« Timisoara libéré découvre un charnier. Des milliers de corps nus tout juste exhumés, terreux et mutilés, prix insupportable de son insurrection. » Dans son éditorial de *Libération,* Serge July traduit le sentiment d'horreur qui prévaut en ce 23 décembre 1989. Une semaine auparavant, les habitants de Timisoara, à l'extrême ouest de la Roumanie, près de la frontière serbe, ont déclenché le signal du soulèvement. Le 17, l'armée se joint aux forces de police de la Militia et de la Securitate pour mater l'émeute. Le 21, cent mille travailleurs se rassemblent place de l'Opéra. Certains soldats fraternisent alors avec les manifestants. Un comité révolutionnaire proclame Timisoara première « ville libre » de Roumanie.

C'est dans ce contexte fiévreux qu'éclate la macabre « affaire des charniers ». Les affrontements ont fait environ soixante-dix morts et plusieurs centaines de blessés. Des rumeurs circulent, selon lesquelles des cadavres auraient été transférés à Bucarest pour y être incinérés. Devant les journalistes occidentaux qui arrivent sur place, on exhibe alors une vingtaine de dépouilles, tirées d'une fosse commune et présentées comme les victimes d'une répression aveugle. Dès lors, les médias se livrent à une véritable « chasse au scoop ».

L'agence yougoslave Tanjug avance le chiffre de quatre mille six cent trente-deux personnes, éliminées « soit par balles soit par baïonnette ». TF1 s'interroge : « Ceausescu est-il un vampire ? » Le dictateur aurait vidé de jeunes hommes de leur sang pour soigner sa leucémie. Quant au journal espagnol *El Pais*, il évoque « des chambres de torture où l'on défigurait à l'acide les visages des dissidents et des leaders ouvriers ».

Après l'exécution de Nicolae et Elena Ceausescu, le jour de Noël, cette frénésie commence à retomber. Les corps exhumés du « cimetière des pauvres » venaient en réalité de la morgue d'un hôpital voisin, et aucun ne portait trace de blessures ni de tortures. Traian Orban, responsable du mémorial de Timisoara, dénonce aujourd'hui « le plus gros mensonge du XXe siècle ». Faut-il en accuser le climat de paranoïa qui régnait alors, ou supposer une manipulation de la Securitate, dans le but de hâter la chute du régime ? Quoi qu'il en soit, la « télévision nécrophile » avait prouvé qu'elle aussi pouvait se tromper.

68. L'honneur de Jeanne

Des « experts » russes accusent la « super-centenaire » Jeanne Calment d'être une « supermenteuse » !

À son décès, le 4 août 1997, Jacques Chirac saluait celle qui avait su nouer « une relation d'affection » avec les Français, tandis que le maire d'Arles, Michel Vauzelle évoquait « sa curiosité, son appétit et sa force de vivre ». Née le 21 février 1875 dans l'antique cité provençale, Jeanne Louise Calment venait de s'éteindre à l'âge prodigieux de cent vingt-deux ans, cinq mois et quatorze jours. Personne n'avait jamais vécu aussi longtemps… du moins depuis que l'état civil permet de vérifier les dates.

Doyenne de l'humanité, inscrite au *Livre Guinness des records*, l'Arlésienne a-t-elle usurpé son titre ? C'est ce que soutient une troïka de « chercheurs » moscovites. Le 29 décembre 2018, le blogueur Yuri Deigin, « spécialiste du vieillissement », publie un billet incendiaire alléguant que la véritable Jeanne Calment serait morte d'une pleurésie en 1934, et que sa fille Yvonne aurait alors pris son identité pour une sordide question de droits de succession. Dès lors, la soi-disant « super-centenaire » aurait quitté ce monde à « seulement » quatre-vingt-dix-neuf ans.

À l'appui de cette thèse stupéfiante, Deigin produit les travaux de deux de ses compatriotes : Nikolaï Zak, mathématicien et généalogiste amateur, et le gérontologue Valeri Novosselov. Les trois compères soulignent des dissemblances morphologiques, l'apparence jugée trop « jeune » de la très vieille dame, ainsi que des incohérences chronologiques dans ses souvenirs. En outre, selon eux, la probabilité pour un être humain de vivre jusqu'à cent vingt-deux ans serait nulle.

Les spécialistes français n'hésiteront pas à parler de « manipulation » et de « diffamation ». À travers une étude internationale publiée en septembre 2019 dans *The Journal of Gerontology,* Jean-Marie Robine, directeur de l'Institut national de la Santé et de la Recherche médicale, accumule les preuves historiques, épidémiologiques et statistiques qui confirment la sincérité de Jeanne Calment. D'ailleurs, comment une telle substitution aurait-elle pu passer inaperçue ? Enfin, l'analyse à grande échelle de la population démontre qu'en moyenne, sur dix millions de centenaires, une personne peut atteindre l'âge de cent vingt-trois ans. Si le parquet de Tarascon a clos le dossier, dénonçant « manque de rigueur et d'objectivité » des Russes, seul un test ADN pourrait mettre un terme définitif à ces rumeurs infondées.

69. L'accident de Lady Di

« Icône » tragique du XXe siècle déclinant, Diana princesse de Galles a-t-elle été victime d'un machiavélique attentat ?

Le 31 août 1997, à 0 h 25, une Mercedes roulant à tombeau ouvert s'encastre dans le treizième pilier du tunnel de l'Alma, à Paris. Le chauffeur et l'un des passagers sont tués sur le coup. À l'arrière, une femme respire encore, grièvement blessée au thorax. Elle s'éteindra quatre heures plus tard dans un bloc opératoire de l'hôpital de la Salpêtrière. Ainsi s'achève la course à l'abîme de « Lady Di », âgée de trente-six ans, divorcée depuis peu de l'héritier du trône d'Angleterre, au terme d'un feuilleton médiatique qui a failli ternir l'image des Windsor.

Durant tout l'été, Diana s'est affichée avec son amant, Dodi al-Fayed, fils du fameux milliardaire égyptien Mohamed al-Fayed. Propriétaire des magasins Harrods à Londres, il possède aussi le Ritz à Paris, où le couple vient dîner, dans la soirée du 30 août. Peu après minuit, ils s'engouffrent dans une Mercedes garée près de l'entrée de service de l'hôtel, rue Cambon. Aussitôt, le véhicule traverse à toute allure la place de la Concorde avant de bifurquer à droite vers la voie

Georges-Pompidou, pisté par une horde de paparazzi. On connaît l'issue de cette course infernale.

La thèse de l'accident semble aller de soi. Henri Paul, responsable adjoint de la sécurité du Ritz, qui conduisait, n'était pas un chauffeur expérimenté. De plus, il était en état d'ébriété. On établira qu'il était entré dans le tunnel mal éclairé à plus de cent vingt km/h, alors que la vitesse y est limitée à cinquante ! Ni Diana ni Dodi n'avaient bouclé leur ceinture de sécurité. Cependant, Mohammed al-Fayed, qui a perdu son fils, crie aussitôt au complot. Selon lui, il s'agirait d'un attentat fomenté par les services secrets du MI6, à l'instigation du duc d'Édimbourg, lequel n'aurait jamais accepté que la mère de ses petits-fils se remarie avec un musulman ! D'ailleurs, la princesse aurait été enceinte…

Une décennie de rumeurs et trois années d'investigations policières démontreront l'inanité de ces allégations. Une vaste enquête judiciaire, lancée en 2004, coûtera plus de quatre millions d'euros, sans davantage de résultats. Aujourd'hui, la figure plutôt mièvre de la « princesse des cœurs » s'efface peu à peu des mémoires. Ne reste que la Flamme de la Liberté, ce mémorial improvisé place de l'Alma, où ses derniers inconditionnels se rendent en pèlerinage.

70. Les martyrs de l'Atlas

Béatifiés le 8 décembre 2018, les sept trappistes de Notre-Dame de Tibhirine ont emporté au ciel le secret de leur mort.

Dans la nuit du 26 au 27 mars 1996, vers 1 heure du matin, une vingtaine d'individus, mitraillettes au poing, forcent les portes de l'abbaye de Notre-Dame de l'Atlas, près de Médéa, à une centaine de kilomètres au sud d'Alger. Le commando viole la clôture, avant de repartir avec sept frères, dont le prieur Christian de Chergé. La guerre civile qui endeuille le pays depuis 1991 est alors à son paroxysme. Malgré de pressantes mises en garde, les religieux catholiques ont refusé d'abandonner la population musulmane, avec laquelle ils vivaient depuis toujours en bonne intelligence.

Les ravisseurs attendront près d'un mois pour revendiquer le rapt. C'est seulement à la fin d'avril qu'un communiqué attribué au Groupe islamique armé – GIA – assure que les otages sont toujours vivants, et propose un échange. Le 30, un émissaire apporte au consulat de France à Alger, un message du chef du GIA, Djamel Zitouni, ainsi qu'une cassette audio où l'on entend la voix des prisonniers. Il n'y aura plus d'autre contact officiel, jusqu'au dénouement tragique. Le 21 mai, un second communiqué annonce :

« Nous avons tranché la gorge des sept moines, conformément à nos promesses. »

Une semaine plus tard, le gouvernement algérien prétend avoir retrouvé les cadavres, près de Médéa. En réalité, seules les têtes ont été restituées par les assassins. Aucune autopsie n'est ordonnée comme si, ni Alger ni Paris ne souhaitaient jeter plus de lumière sur l'affaire. Plus de deux décennies après la tragédie, on ignore toujours le degré d'implication de la junte militaire alors au pouvoir. Il est notoire que l'armée algérienne infiltrait les mouvements terroristes. Aurait-elle organisé un faux enlèvement dans le but de s'attirer les bonnes grâces de la France ? Les moines auraient-ils été tués accidentellement lors de l'attaque d'un camp rebelle ? Les services secrets français prévoyaient-ils une intervention directe, provoquant ainsi la colère des islamistes ?

Ces différentes pistes continuent d'être explorées. Depuis 2004, une information judiciaire a été ouverte, d'abord confiée au juge Marc Trévidic puis à sa consœur Nathalie Poux. Le rapport d'autopsie, versé au dossier le 29 mars 2018, confirme la décapitation post-mortem, mais que les moines ont été égorgés. Il y a fort à parier qu'on n'en saura pas davantage tant que les héritiers de Bouteflika et le clan FLN présideront aux destinées de l'Algérie.

Imprimé en France en juin 2020
par Normandie Roto Impression s.a.s.
61250 Lonrai
N° d'impression : 2001620
ISBN : 978-2-38015-026-1
Dépôt légal : juillet 2020